往生と成佛

曽我量深
金子大榮
著

法蔵館

往生と成佛目次

曽我量深先生講話

金子大栄先生講話

題簽 曽我量深先生筆

曽我量深先生講話

第一講

序

「真宗の人間像」という題は私が掲げたのではなくて、こちらからこういう題で話をしろという要望で決っておるわけでございます。

わが親鸞聖人の七百回の御遠忌は既に終りました。今後昭和四十八年には聖人の御誕生八百年を記念して、宗門の再興をしたいというような案を計画しておられることは、まことに結構なことだと思います。昔から各宗の祖師には御遠忌というものが五十年毎につとまっている。けれども各宗の祖師の御誕生会は昔からないのでございます。やはり浄土真宗の御開山聖人にたいしても、昔から御誕生会というものは行なわれておらぬのであります。しかるに西本願寺の方では明治以来海外伝道をしておられこの海外伝道をしっかりやるというので、親鸞聖人の御誕生会――西本願寺では降誕会という具合に称しておるのであります――降誕会を明治時代から行っているのであります。私は十九才の時に、始めて京都に参りましたが、それより以前から、西本願寺の本山、大学などを通じて、盛んに宗祖降誕会というものが毎年五月二十一日に――いわゆる太陽暦になおしてわが聖人の御誕生の日であるというので――非常に盛んに行なわれていたのであります。ところが、私ども大谷派のほうでは何もない。もっともそれは借金のためにはや頭が疲労して、ものを考えるような余地のない宗門でありましたから、貧すりゃ鈍するというわけで、降誕会どころではなかったのでありましょう。毎年の報恩講は勤める。報恩講のほうは勤めるのではなくて、勤まっていたのであって、御遠忌ということになると、ただ勤まるというわけではないので、御遠忌を勤めるという協力が必要であります。だから六百五十回忌などにつきましては、句佛上人は大変に努力をなされたということを、私は知っているわけであります。

とにかく各宗の祖師の御誕生会というものは昔からない。ただわれら佛教の教主釋尊の降誕会というものは昔からあるわけであります。これはどういうわけであるかと思いまするると、だいたい釈尊は、ただの人間ではない。釈尊は一切の人類、もう一ついえば、一切の衆生を救うために、久遠実成の如來が応化の姿を示現して人間の世に現われ、八相成道ということをなされたのである。こう昔から信じられていたから、釈尊は生まれながらにして佛様であります。だから、佛がわれら衆生を救わんがためにご苦労くだされたということで、昔から御誕生会というものが行なわれたのでありまます。これは佛教に限らず、ヤソ教でありましても、他の宗教みな共通しているものでありましょう。ところで、各宗の祖師方は、その宗門の中では只人にあらずと信じられているようでありまするけれども、それも確立しているというわけではないのです。だから各宗の祖師は、我々と同じ人間として、少しく天分の勝れた方であるだけであります。だからそのような方の誕生会をすることは意味がないというのでありましょう。だからその方が立教開宗せられ、そのみ法のために自分の生命を捧げて努力して下されたというので、そのお方のご往生――往生という言葉は浄土教でいうので聖道門のほうでは成佛という――すなわち入涅槃をせられたということについて、そのお方のご恩を報ずる、いわゆる報恩講というようなものは各宗の祖師について行なわれているが、御誕生会というものは昔からないのであります。ないからといっていらないというわけではないのであります。しかし、今日みまするというと、やはり何と申しましても、とにかく一生涯の間、自分の身命を顧みずしてみ法のためにお尽し下されたお方であります。こういうので、この頃になって御誕生会を行なってはどうかというようなことを考えて、我宗門におきまして御誕生会を始めて行なうのでありますす。私はまちがっておることではないと思って、心から喜んでおるものでございます。しかし、今迄なかったのはどういうわけか、不都合であるかというと、これはそういうわけではないと思います。それは教主釋尊と各宗の祖師とは位が違うのでありまするからして、やはり位の違うことを我々はよく知って、そうして教主釋尊をもっと手近いところに拝むということが大切なことなのであります。浄土眞宗の人は、なにか釋尊には用事がないかの如くの状態にありますが、これは大いに考えなければならぬと、こう私は思っておる次第であります。

一

さて今、浄土眞宗の我々の求めているところの人間像ということでありますが、その基づくところを申しますならば、やはり親鸞聖人の人間像ということになります。親鸞聖人は愚禿とお名のりになった。そうして非僧非俗ということを仰せられた。非僧非俗について、僧に非ずということだけはいくらかはっきりしているようでありますけれども、俗に非ずと仰せられる意味がややもすると忘れられているのではないかと思います。

非僧ということも大切でありますけれども、長い間忘れられておりましたところの非俗ということを、もっと深く考えなければならぬのではなかろうかと思います。今日におきましても、やはり僧侶と一般在家のお方とがちゃんと区別されているわけでございます。このごろ同朋教団ということを力説されておるようでありまするけれども、僧侶の人はやはり形から申しましても佛様のお定めになった法衣をつけておるものでございます。こんにち我々が法衣と称しておるものが、本当に釋尊の思召しにかなっておるというわけにはいかないと思っていますが、これはやはり時代の変遷というものがあるからして、大体釋尊の思召しにかなっていると私は心得ておるわけであります。やはり我々僧侶たるものは、非僧ということと共に、非俗ということについて深く考えなければならないと思うのであります。われ〲は生産事業に直接たずさわっていない。とかく生産事業にたずさわっていると、生きたものを殺す、いわゆる殺生罪を犯すということになると思うのであります。

この頃安居は過去の遺物になって、期間も非常に短くなって、わずかに七月十日に開講式が行なわれ、七月二十九日に満講式が行なわれる。この間わずか二十日間である。二十日間と申しましても、やはり休講の日も中に二日ぐらいはあるかと思います。日曜日というものはよく記憶しておりませんけれども、その間に祇園祭がある。祇園祭があるとその日は休講にしてほしいと願い出た。これは表は休講というわけにはいかぬけれども、前からの習慣というものがあるものだからして、自然に休講になる、というようなことになっています。所化も昨年などは四十人に一人欠けていたかと思うのであります。三十九人がみんな出席しているかというと必ずしもそうではない。まことに淋しい姿でございます。今年は当教区の大河内氏が本講をつとめられる。嗣講の地位にして本講をつとめられるなどということは何十年來ないことだと思います。大河内氏としては御名誉のことと思いまするが、我等宗門の者として、甚だ喜ぶべきことではないと思います。今年はどうか三河の方々大河内氏の労をねぎらい、この教区より四十人も五十人も出席されて、盛なる安居がつとまったということになるならば、私は心から慶祝するわけでございます。

さて今の人間像という事でありまするが、眞宗の人間像というのは、祖師聖人の御生活を慕って、聖人と同じ生活をするという事が大切ではないかと思います。

二

この頃、私が深く考えておりまするのは「往生と成佛」ということであります。眞宗の宗学では往生即成佛と、ほとんど結論が決まっているようでございます。私はそれは結論が少し早まっていると思います。往生即成佛であるならば、いったい往生の意義はよくわからぬことになります。だから往生ということをいわずに、ただ成佛だけしか考えないようになりはしないかと思うのであります。我等のみ佛の本願というものは、成佛の本願ではありません。往生の本願でしょう。それをいつの間にか成佛の本願のようにとりちがえておりはせぬか。

往生と成佛の関係は、曇鸞大師の往生論註の中に明らかになっているのでございます。そして、その思召しを御開山聖人は、高僧和讃曇鸞章において継承して教えてくだされておるわけであります。それは皆さんご承知のとおり、「安楽佛国に生ずるは、畢竟成佛の道路にて、無上の方便なりければ、諸佛浄土をすすめけり。」往生論註に、阿弥陀如來さまの本願について、大悲方便ということを、浄土論の思召しを明らかにして曇鸞大師が教えておいでになります。第一は智慧門、第二は慈悲門、第三は方便門、この三門を建てておられる。大体、智慧と慈悲だけでいいのでありましょう。第三の方便は特に大切な門であります。智慧とか慈悲とかは、み佛のお心の中にあるわけでありまして、方便は、み佛の実践の上に現わして下さるものであります。

　如來の御本願には、一切衆生往生の道をお建て下さったのであって、それはつまり如來の本願、すなわち第十八願であります。この第十八願は「設い我佛を得たらんに、十方の衆生、至心信楽して我国に生まれんと欲うて乃至十念せん、若し生まれずんば、正覚を取らじ。」この往生というのは無生の生であると曇鸞大師は教えて下されておるのであります。如來の本願は無生の生にして、凡夫が思う如き実の生というようなものと違うことであると、往生論註にあるのでございます。我々如きものが、無生の生などということが一体あるかと考えておるわけでございましょう。ところが我々如き者にも、無生の生を了解することができるのであります。学問で無生の生を論議するわけではない。一文不知の我々如きものでありましても「聞其名号　信心歓喜　乃至一念　至心廻向」という如來廻向の信心を頂くことになれば、おのずから無生の世界がひらけてくるのであります。無生の世界、すなわち浄土であり、眞実報土であり、安楽佛国であります。安楽佛国とは精神界であり、物質界とは形のあるもの、精神界とは色も形もないものであります。そういう純粋の精神界、いわゆる光明の世界、深広無涯底の精神界、それを浄土というのでありましょう。こういうとお前のいうている浄土は自性唯心ではないか。その自性の弥陀、唯心の浄土ということがあって、信巻別序の中にも、「然るに末代の道俗、近世の宗師、自性唯心に沈んで浄土の眞証を貶す。定散の自心に迷うて金剛の眞信に昏し。」と聖人はお歎きなされているではないか、お前のいう浄土が精神界であるというならば、それは唯心の浄土ではないか、と批難される方もないとは限らぬと思います。浄土が精神界でないならば、物質界でありましょうか。浄土こそは純粋の精神世界でありましょう。我々が迷うている娑婆世界というのは、物質の世界であります。されば精神世界とは精神主義に目ざめたる人の安住する世界であります。すなわち安楽浄土である。そういうふうに考えるのははたしてまちがいでありましょうか。

ずっと昔、西本願寺派に赤松連城というお方がおいでになった。これは何のときであったか関西佛教青年会の時であったと思いまするが、赤松連城氏が出席されて、支那のなんとかいう人の書物を紹介されて、「己身は弥陀なり、唯心は浄土なり。」というこという読み方をした、というのであります。唯心というとなにか胸を叩いて、この胸三寸の中に浄土があると、それを唯心の浄土だと思っている人がある。あるいは自分のこの体、これが阿弥陀如來であると考える人がある。このような己身の弥陀、唯心の浄土そういう所に沈むのがいけないのだと、唯心の浄土、己身の弥陀に沈む安心を御開山様は否定なさるのであって、何も己身唯心ということを一概に否定なさるというわけではないのであります。例えば「定散自心」ということでも、「定散自心」そのものは何も悪いことではありません。定善を修する心、散善を修する心、それはみないい心であります。定散自心そのものが悪いのではなくて、定散自心に執着し、それに迷うのがいけない。これが信巻別序の思召しではないか。そういうようなお話を赤松連城先生から聞いたことを、私は時々今日でも思い出すのであります。

これは清沢満之先生にも関係のあることで、清沢満之先生は岡崎教区に大へん深い因縁をもっていらっしゃるお方であります。

この清沢満之先生が、精神主義ということをいっておられます。ところが先生の言葉の中には、精神界ということはあまりいっておられないように思います。しかし、清沢先生等が「精神界」という雑誌を出しておられました。清沢先生は、精神世界ということはあまり明白に教えておられないようでありまするが、もし精神世界ということをはっきりさせてくるならば、すなわち安楽佛国であります。いわゆる物質主義の人々が苦しんでおりますところの世界、すなわち娑婆世界であり、そこは何の自由もない闇の世界、雑染堪忍の世界である。眞っ闇であって、無明長夜であって、なんの光もない雑染の世界であり、なんの自由のない、自分の心に安心も、満足もない、堪忍の世界である。そういう世界を娑婆世界という。そういう世界に私どもはとにかく生まれてきたのであります。

そういう世界では、すべて物質というものが精神を圧迫している。自由とか不自由とかいうことは、精神が自由であるかどうかということでありましょう。物質的欲望によって魂や精神が圧迫されて、なんの光もない。それを迷いの世界と申すのでありましょう。つまり苦悩の世界であります。「人生は苦なり」と金子先生はいっておられます。苦なりというのは物質が精神を圧迫している物質主義の世界でありましょう。精神には、光あり、自由あるものでしょう。しかるに、物質的欲望が我らの精神を圧迫して、我らの心は無明の闇に閉じ込められて、何ら自由がない。それを如來が救わんという大悲本願をおこしてくだされた。念佛往生の本願によって浄土を開いて下された。浄土というものをどこかにつくって下さって、そこへ往くというものでなく、私どもの心の中に浄土を開いて下さった。浄土は私どもの心の中に、あるいは、心をひらくのが浄土であるともいえます。久遠の昔から物質的欲望によって閉じ込められておりました心を、無量光明の浄土をもって開いて下された。如來の光明世界によって、われらの心を開いてくださる。南無阿弥陀佛と光明の世界を我等に与えてくださるということでしょう。

だからして、親鸞聖人のおみ法におきましては、第十八願というものを、本願成就の文をもってうけとるのが、浄土眞宗のおみ法であると教えていただいておるわけであります。

三

往生と成佛ということは、「往生は心にあり、成佛は身にある」と私は了解しているものであります。

往生は心にありは、口伝鈔の中之巻（十四・体失・不体失の往生の事）の中に、体失往生、不体失往生についての西山上人と御開山聖人との論争がでている。西山上人は体失往生を主張された。体失往生を——体とはこの身体であり、この身体がなくなって、別の身体を頂いて往生するという主張であります。それに対して、わが御開山聖人の主張は不体失往生であります。生死無常、煩悩具足のこの身体をもって往生するというのであります。これは珍しい諍論であるというのでみんな聞いておった。善恵房証空に賛成する人もあれば、善信房に賛成する人もあった。そこで法然上人に申上げて法然上人の判決を聞きたいということになった。すると法然上人は、善恵房の体失往生も、善信房の不体失往生も正しいと、こう仰せられた。そこで更に、法然上人のほんとうの思召しをお尋ね申しますと、上人の仰せられますには、善恵房の体失往生という考え方は、諸行往生である。諸行往生は観無量寿経にある九品往生である。善信房の不体失往生という了解は、大無量寿経の往生である。念佛往生である。だから両方誤りではないといったのであるけれども、み佛のご本意は諸行往生ではなく、念佛往生がご本願のご正意である。その点からいえば、不体失往生という善信房の了解の方が正しいのである。善信房の方へ自分は賛成するものであると仰せられた。こういうことが覚如上人の作られた口伝鈔に述べられています。口伝鈔は三代伝持という ことを主張している。三代伝持と申しますのは、親鸞聖人、如信上人、覚如上人であります。親鸞聖人の教えが如信上人に伝わり、覚如上人は親鸞聖人御在世の時は未だ生まれておられないので、如信上人から親鸞聖人のみ法を聴聞なされた。その次第を書き取ってありますのが、即ち口伝鈔であります。

この不体失往生ということを念頭におきまして、往生とは、信心決定の時に往生する決定往生である。決定往生はすなわち信心決定の人の生活であります。そして成佛とはどういうものであるか。成佛とは往生の帰着点であります。だから従来の「往生即成佛」ということはまちがいではないんでしょう。しかし、往生即成佛といってしまうと、往生ということはわからなくなる。往生は心にあるから、往生は我ら信心決定した人の一生涯の生活である。その帰着点が成佛である。往生と成佛の関係を大ざっぱに「往生即成佛」と決めないで、往生の本願の思召しをよく聴聞しなければならぬ。「聞其名号信心歓喜」と申しますのは、往生と成佛の関係を明らかにするものでありましょう。一切衆生をして成佛せしめる易行の道をひらいてくだされたのが阿弥陀佛の本願であります。だから聖道門には往生の道はありません。たんに成佛の道だけを説いてある。往生の道を説かないで、すぐに成佛を目指して行くのが聖道門でありましょう。つまり陸路の歩行は苦しきが如く、水道の乗船は楽しきが如しとあるが、水道の乗船は楽しきが如しとは、往生の道――阿弥陀如來が本願をおこして、一切衆生誰でもが成佛できるために――すなわち念佛でありましょう。念佛往生の道を、一切衆生のために開いて下された。それが弥陀の本願であり、易行の道、他力救済の道であります。

成佛ということは、聖道門、浄土門に共通していることであります。聖道門は往生の道を通らずに成佛を見いだした。しかし、それは誰でもができるものではなく、難行険路と竜樹菩薩が仰せられたわけであります。弥陀の本願は、誰もが迷わない易行の大道、念佛往生の大道を一切衆生のために開顕して下されたのであります。阿弥陀如來の超世の大願と仰ぎ奉る所以であります。

往生は成佛に対してどういう関係をもっているかというならば、「安楽佛国に生ずるは畢竟成佛の道路」であり、無上の方便である。これに対応して髙僧和讃善導章をよむと「釋迦弥陀は慈悲の父母、種々に善巧方便し、我等が無上の信心を、発起せしめたまひけり」とあります。無上の信心とは、無上方便の信心である。かくして往生と成佛ははっきり区別されているのであります。

私が往生は心にありというのは、成唯識論に照してみると、心というのは第六識、第七識である。成佛は身にある。身とは第八阿頼耶識である。阿頼耶識も識というのだから、心ではないかといいますけれども、阿頼耶識は身心一如の識であり、身心一如の自覚である。ところが第六識、第七識というのは、心と身とを分けた立場で働いている心の働きであります。だから往生は第六識、第七識にあり、成佛は第八阿頼耶識にあります。成唯識論には、八識を転じて、四智を得ると記されています。八識の中において、第六意識、第七末那識の二つを転じて、平等、妙観の二智を得るのは初地不退の時、初歓喜地を得た時に第六識、第七識を転じて平等性智、妙観察智の二智を得るのであると教えています。第八識を転じて大円鏡智を得、前五識を転じて成所作智を得ることが佛果になる。菩薩が十地の修行をして、等覚から妙覚に至り成佛する。その時に前五識を転じて、神通遊戯、いわゆる方便化身、還相廻向の働きがある。還相廻向の菩薩の不思議の働きは、前五識を転じて成所作智を得ることによる。これは佛様でなければ出来ないことであります。

私は昔から天台や華厳の学問より、成唯識論の学問の方が正確で、眞宗学を研究するには、天台や華厳の学問はだめなのでありまして、倶舎論とか成唯識論を研究するに限るという一つの信念を若い時から持っているものであります。成唯識論などが浄土眞宗の宗学にそんな深い関係をもっているかと疑う方があるかも知れませんが、私は若い時からそういう理解をもっているのであります。

往生は前六識の世界であり、成佛は第八識の世界であると、私ははっきり決めることができると思うのです。だからして、往生即成佛というような昔の学問のしかたは悪いと私は信じているのです。決定往生ということを、よく眞宗の人は、往生はいのち終った時往生すると考えている。観経の方便化土の往生はいのち終る時にはじめて往生するのであります。

第二講

一

たしか西本願寺関係の人が、中外日報に教行信証は未完成の聖典であるというておられた。それをいうと大変に反対者がありました。私は、完成といえば完成でありましょうが、未完成といえば恐らく未完成でないわけでもなかろうと思います。教行信証の中で、教巻と行巻は確かに完成しています。しかし、信巻は完成しているとはいわれぬ。また化身土巻も完成しておるとはいわれない。

午前中にお話した往生と成佛の問題でございますが、往生、成佛という点にも多少未完成の所がありはしないかと思います。それなら蓮如さまは完成されなかったのであろうか。どうもそれもはっきり完成をなされたというわけにもいかぬであろう。そうすると、親鸞聖人のみ法というものは、今日我々が完成しなければならぬと思う。これは我々の責任であるといっても差支えないと思います。

全体、往生の問題につきましては、第十八願には、「設い我佛を得たらんに、十方の衆生、至心に信楽して我国に生まれんと欲うて乃至十念せん、若し生まれずんば、正覚をとらじ。」と成佛のことはいわずに、往生のことだけ仰言ってあります。阿弥陀の本願は成佛の方法として往生という道を開顕して下された。往生とは要するに生死を出ずることでありましょう。生死を出ずるということと、成佛するということは、すぐ一つだというわけにはいかぬ。煩悩具足の身を以ては成佛することはできない。これは歎異抄の異議八ケ条の第五条の「煩悩具足ノ身ヲモテ、已ニ覚ヲヒラクトイフコト」というところに示してある。覚をひらくということは成佛することでありましょう。煩悩具足の身を以て覚をひらく、ああいうのを一益法門の邪義というのであろうが、あれは成佛についての異義であって、往生についていうのではないと思います。成佛はこの現生において成佛するというならば聖道門の教えと同じことになる。聖道門の教えが高尚なものだと思っているから、何でも聖道門をとりこんでくる。法然上人のお弟子の中にそういうお方がたくさんおられたのであります。浄土眞宗におきましては、往生と成佛とを混乱しないこと。往生はこの煩悩具足の身をもって達するのであり、成佛はこの煩悩具足の身が終って新たに金剛不壊の身、いわゆる金剛那羅延身を得て成佛するのである故に、成佛は未來であります。往生と成佛を混乱して、往生は現生に達するんだから、成佛も現生に成佛するんだとするところから一益法門というものが起ってきた。だから一益法門を退治するには、往生と成佛の義門を明瞭にすべきであります。往生は現生に得る益、信の一念に往生が決定する。決定的往生者である。ところで往生決定というのは約束しただけであって、まだ往生はしないのだというように眞宗学では解釋しています。これは御開山聖人の教えを誤解したということもあるけれども、やはり御開山さまのお言葉の中に誤解されるような――誤解した人が悪いんでしょうが――点もあるからだと思うのです。誤解を御開山さまの責任だというわけにはいかぬでしょうが、やはり聖人のお言葉というものもよく考えるべきでしょう。教行信証のお言葉はしっかりしておりますが、歎異抄などは、例えば第九条に、「久遠劫ヨリ今マデ流転セル苦悩ノ旧里ハステガタク、イマダ生マレザル安養ノ浄土ハコヒシカラズサフラフコト、マコトニヨク〳〵煩悩ノ興盛ニサフラフニコソ、名残惜シク思ヘドモ娑婆ノ縁ツキテ、力ナクシテ終ルトキニ、カノ土ヘハ参ルベキナリ。」という言葉、あれなどは決して難思議往生をいうのではなく、難思往生ではないか。「三往生」というものは、善導大師の法事讃にも見えるお言葉でございますが、善導大師にこの三往生についての御解釋がどこかにあったに違いないと思うが、それが散失してしまった。横川の源信僧都にしても、法然上人にしても、三往生については、全くご解釋がない。しかるに親鸞聖人に至って始めて、教行信証の信巻の標挙のところに、「至心信楽之願　正定聚之機」とある。また証巻に「必至滅度之願　難思議往生」と標挙されてある。更に化身土巻に、「至心発願之願　邪定聚機　雙樹林下往生『無量寿佛観経之意』　至心廻向之願　不定聚機　難思往生『阿弥陀経之意』」とある。すなわち御開山さまが法然上人もはっきりと仰せられていない三往生ということを、教行信証において始めて、三願三経三機三往生を建てられたのであります。

二

ところで親鸞聖人のお言葉の中にもやゝもするとはっきりしないものがあると思います。けれども明瞭になっていることは生死を出ずるということであります。生死を出ずるということは、親鸞聖人にあっては現益である。当益ではなくて現益である。これはちゃんと決っているのです。これは御和讃、特に曇鸞大師の御和讃にあります。曇鸞大師の御和讃は非常に立派な御和讃がつゞいておると思うんでございます。そこを読んでみますと、「本願円頓一乗は、逆悪摂すと信知して、煩悩・菩提体無二と、すみやかにとくさとらしむ。」これは成佛のことを仰言っているのであるから、未来にちがいないのでございましょう。それから「いつゝの不思議をとく中に、佛法不思議にしくぞなき、佛法不思議ということは、弥陀の弘誓になづけたり。」佛法不思議が弥陀の弘誓であるとは、どうしてかというならば、廻向ということが不思議である。

如來の廻向によって、一切衆生をして成佛せしめんがために往生の道をたてられた。これが阿弥陀如來の本願の意義であるのであります。だから、往生即成佛というならば、往生の意味がなくなるのです。弥陀の本願以前には往生ということはなかった。いろいろの諸佛・菩薩の本願というものはあるが、それらの本願はすべて物質的で、現世利益の本願であります。薬師如來などの本願は、みな現世利益の本願でありますす。しかるに、阿弥陀如來の本願は現生において往生の道をひらいた。いのち終る時に往生するならば何の本願であるか。そんな本願は意味がない。本願眞実とは何ぞや。一切衆生、どのような罪悪深重の我等如き者でも、成佛できる。成佛のために往生の道をおたてなされたのが、すなわち阿弥陀如來の本願の意義であります。かくの如く考えるならば、往生は未來ではなく、現在である。これは間違いないのであります。

しかるに、観無量寿経を読み、阿弥陀経を読むに、阿弥陀経は、やゝはっきりしない、いわゆる難思往生でありましょうが、観経にはくわしく九品往生ということが書いてあります。正信偈によれば、「善導独り佛の正意を明らかにし、定散と逆悪とを矜哀して、光明・名号は因縁なりと顕したまふ。」と善導大師の御恩徳を讃じておいでになるのでございます。

「善導独り佛の正意を明らかにす」という佛とは、まずもって釋迦如來であり、釋迦出世の正意を明らかにしたのであります。更に詳しくいうならば、阿弥陀如來発願の正意、釋迦如來出世の正意、この二尊の正意を明らかになされたという意味をもっているに違いないのであります。善導大師は阿弥陀如來の正意というものよりも、むしろ釋迦出世の正意を明らかにするということが一代の間の御苦労でございます。それを御開山聖人が、だんだん掘り下げて見ると、釋迦出世の正意を明らかにするに止まらずして、むしろ御本尊の阿弥陀如來、法蔵菩薩が本願を発せられるところの正意を明らかにするという思召しが根本にひそんでおるのであります。こういうことを親鸞聖人が感得されたのであります。御和讃でみると

「釋迦・弥陀は慈悲の父母
種々に善巧方便し
われらが無上の信心を
発起せしめたまひけり」

「眞心徹到するひとは
金剛心なりければ
三品の懺悔するひとと
ひとしと宗師はのたまへり」
懺悔はサンゲであるが世間の人はザンゲといっています。ザンゲというのは間違いでありますす。名古屋の住田智見講師は、大学で講義の折に、この語をサンゲと読むべきであるといつも注意されたと聞いておるのであります。このごろはみなザンゲといっています。いちいちとがめるわけにもゆかぬが、ザンゲなどというのは余程学問のない人がいうのであります。それを佛教者までが眞似てザンゲと読むのは、自信を喪失しておることをあらわしていると思うのでございます。
「眞心徹到する人は　金剛心なりければ」　これは前の無上の信心をうけて金剛心というんでしょう。
「五濁悪世のわれらこそ
金剛の信心ばかりにて

ながく生死をすてはてて
自然の浄土にいたるなれ」
「金剛堅固の信心の
さだまるときをまちえてぞ
弥陀の心光攝護して
ながく生死をへだてける」

みなこれは成佛のことをいわずに往生ということを仰せられてあります。往生の信心を無上の信心というのであります。阿弥陀如來の超世の本願は、一切衆生を成佛せしめるために往生の道を開いて下された。そのことを易行の大道というのであります。ただ成佛することは難行でありましょうが、成佛のために往生の道を阿弥陀如來が開いて下された。すなわち「信心を要とす」ということであります。その往生について信心があるんだと歎異抄の第一条にのべてあります。

このごろは歎異抄の第一条はとんでしまって、第二条へ移ってゆく。世間のいわゆる知識階級の人がそうするのは第一条が分らぬからであります。だから、彼等は阿弥陀如來は分らぬでも、親鸞さまは分るというのです。要するに、親鸞を信ずればよいので、阿弥陀如來を信じなくてもよいのだと、親鸞さまさえ信じていれば、親鸞の後についてゆけば、親鸞の行くところへは行かれるというんでありましょう。これは善知識頼みであります。そういうのが知識階級であり、我々はその眞似をしてはならぬのです。歎異抄の御物語は第一条が一番大切であります。第一条をとんで第二条へ行く、そういう人間が懺悔をザンゲと読む。情けないことだと思うのです。

歎異抄の第一条は、「弥陀の誓願不思議に助けられまいらせて往生をばとぐるなり」で、弥陀の誓願不思議に助けられまいらせて成佛をとぐるなりとは書いてないのです。だから助けられるということ、往生ということは、佛の方からいえば助ける、助けられる私共の方は往生であります。往生をせずして助けられるということはありません。往生を抜きにしてお助けがあるというような説教が古來行なわれてきました。そういうわけのわからぬ説教を聞いて、涙を流している気の毒なお同行達がおられます。お同行達が悪いのではなく、説教者が悪い。つまりお助けを得たというのは往生を遂げたということでしょう。攝取の心光におさめとられたということは、往生をさせて頂いたということでしょう。往生を抜きにしてどうのこうのいって、阿弥陀さまのことだけ並べて有難い有難いといって逃れる。そういう逃れさせるような説教を聴聞しているから、聞いておるときは有難い、有難そうな説教を聞いて有難そうな心になるのであるが、本当に有難いというものではない。だから下向すると消えてしまうのであります。

信の一念に往生は定まるということは、往生を予約したということではありません。往生はいつするか。往生を今するんなら一益法門ではないかという。しかし往生しても一益法門ではありません。成佛したら一益法門、そうでありましょう。

往生は心にある。往生によって我々の心に無限の世界を与えてくださる。無限の世界は光明の世界、光明遍照十方世界、すなわち安楽浄土でありましょう。われらの心の中に安楽浄土を聞いてくださる、すなわち如來のお助けということでしょう。また同時に往生ということであります。

久遠劫來、我らは物質の世界に閉じこめられ、物質が精神を支配していました。精神が物質に支配された世界を娑婆世界という。ものが主人であって、心が奴隷である世界、暗黒の世界、無明の闇の世界、そういう世界に生きておる生き方を迷いの生活というのです。清沢満之先生の言葉を借りれば、生きることもできない、死ぬこともできない世界であります。私共が精神世界というものを与えられた時、始めて生きることも、死ぬこともできるのです。清沢満之先生の精神主義の立場でいわれる精神世界ということが、観無量寿経に教えているところの安楽浄土でありましょう。清沢先生は、浄土はすなわち心の世界であると教えられました。我らの心の中に無限光明の世界を開いてくだされた、それを往生というのでありましょう。このことについて、あなた方がよく考えてみる必要があります。

いつ死んでも往生は間違いないというが、いつまで生きても往生間違いないのでありますす。百まで生きようが、千まで生きようが、往生は確実、確実に往生生活をしておる。これが大無量寿経のお み法、親鸞聖人の教行信証のおみ法であります。生命終ってから往生することもあるが、何の証拠もない。お助けまちがいないといっているのは、助かるだろうという信心であって、「だろう信心」は本当の信心ではないのであります。助かっておるという現在の事実でなければならぬのです。未來を予想して助かるだろうというのは、信心でも何でもないと私は思います。そういう問題は、蓮如さまの御一代記聞書の中にいろいろあるわけであります。蓮如さまの教えをずいぶん聞いている人も分らぬ人が多かったと私は思います。やはり今日のわれわれと同じ人間が、蓮如さまの前で愚かなわけのわからぬ問をおこしていることが御一代記聞書を読むとよく分ります。これは法然さまのお弟子でも、釋尊のお弟子でも、大部分は愚かな人であって、賢い人は千人に一人というようなものであろうことは、今も昔も変らぬものではないかと思うのであります。御文さまの一帖目の初通「或人いはく……」など読んでみますと、いろいろわけのわからぬことを聞いている人があるものだから「あさまし、あさまし」という言葉でいってあります。今も昔も同じようなものでありましょう。

とにかく生きておるうちに往生しておるから、未來成佛まちがいない。つまり我らの宗教は、精神生活を自ら反省して、正しい佛さまの教えに従って、精神生活を掘り下げ磨いていく、それが往生であります。しかるに一般には「屈伸臂頃即生西方」と書いてあるからそれが往生であると思うのです。

三

どういうことを往生というのか。観経往生と大経往生とを御開山さまははっきり区別されておられます。それを今日になっても観経往生と大経往生とを混乱して考えているのです。観経往生は生命終る時に往生する。そういう人は此の生においては邪定聚の機であると仰言った。生きておるうちは往生については殆んど絶望しておるものであります。願うても、願うても往生できませぬが、どういうものでございましょうかというのが、観経の世界であります。願生するから往生できぬ、往生できない証拠は願生しているからで、往生できたら願生はなくなるであろうと考えるのが、観経、邪定聚、雙樹林下往生というものでございます。

本願成就の文をみると「至心に廻向したまへり。彼の国に生ぜんと願ずれば、即ち往生を得。」即ち彼の国に生ぜんと願じないものは往生を得ない。それが難思議往生であります。今でも西本願寺の宗学の講録などを読んでみると、「至心信楽欲生我国」

というあの欲生我国をもてあましておられます。東本願寺宗学も同様にもてあましていると思います。

観無量寿経をみると、願生しているのは得生していない証拠であって、得生したら願生は消えてしまう。ところが大無量寿経は願生の処に得生があります。願生のないところに得生はないのです。それを観経の立場に立って、本願成就の文を読むから、本願成就の文の思召し、あるいは本願の三心の思召しがよくわからぬのではないかと思うのです。

「至心に廻向したまへり。彼の国に生ぜんと願ずれば即ち往生を得」これを、彼の国に生まれんと願ずる時には往生を得ないと考えるのです。欲しい欲しいという時はものがないからそういうんであります。ご飯をたべたいというのは、お腹が空いているからで、満腹したらたべたいといわない、これは物質主義の世界であります。精神世界は違います。精神世界は得生するほど願生が盛んであります。願生と得生が矛盾撞着しないのが眞実報土の往生であります。得生と願生が矛盾撞着するのが観経往生であり、方便化土の往生であります。その方便化土の往生をもって眞実報土の往生をおしつけようとしているところに、眞宗学はゆきづまってしまったと私は思うのです。あ限り願生なた方よく考えてみてください。願生は得生の証拠、いのちあらんする。信心決定した時にもう得生している。得生の証拠が願生である。このことをよく了解することが、本願成就の文を了解する大切なことではないかと思います。本当に得生しておる人は本当に信心決定して、そうして往生決定しておる人は本当の願生者であるのです。

このことについては、天親菩薩の願生偈がよくあらわしています。天親菩薩は願生偈を作り、一生涯、生命終るまで願生一筋の道を歩まれました。この願生一筋の道を歩いた天親菩薩は、最も尊い得生者であります。得生者なら、むかし願生したかは知らぬけれども、今は必要はなくなったという考え方は、観経往生、雙樹林下往生というものであります。往生をしたいから願生する、往生を得たならば願生は自然に消える、というような雙樹林下往生では往生はできないでありましょう。

曇鸞大師の往生論註の中に、氷上燃火の喩があります。これは観経の九品往生の定型として、下品下生の人の往生の理由とか姿を喩えられたのであります。氷上燃火ということですが――水が凍って巖の如くになる。その氷の上に薪をもって燃やした。氷は固いもんだから火はよく燃えるであリましょう。火がよく燃えるから氷は早く解ける。氷が解ければ火が消える――というんでしょう。それでもって曇鸞大師は観経往生を解釋したんでありましょう。氷というものは何であるか。我等の迷い、執着、執念の固い姿を氷に喩えた。火を燃やすことは見生であって、往生を見ること、往生に執着することである。娑婆世界に執着するものは浄土が楽しいと聞いて、早くその楽しい浄土へ往生したいもんである。こういう往生を願う切実な心の執着、それを見生の火というのです。

氷の上に火を燃やすと、火は燃える。氷と火はべつに矛盾撞着しない。けれども氷は本來水が結晶したものであるから、火を焚けば氷は水になる。火がさかんであればある程、早く氷はとける。早く氷が解ければ早く火は消えるであろう。

つまり浄土は水であるのに、水の本性を知らないで、堅い氷が浄土であるように我々が迷うのであります。そういうものがつまり化土往生を遂げるのであります。雙樹林下とは、みなさんご承知のとおり、釋尊が雙樹林の下で涅槃に入らんとせられた故事を思い出して、臨終現前の化土往生を雙樹林下往生と、善導大師はおおせられたのでありまず。そういうように親鸞聖人は、善導大師の三往生の中の第二の雙樹林下往生というものを解せられたのであります。そして雙樹林下往生を遂げる人は邪定聚の機である。それは、生きておる間は往生できない人、往生の生活のできない人であって、ただ裟婆世界の苦しみ、無明の闇の苦しみ、物質生活、つまり一生涯の間「五逆十悪、具諸不善」の生活にある人であります。「五逆十悪　具諸不善」という下品下生は物質主義の典型でありましょう。かかる人の往生を雙樹林下往生という。そういう人は生きておる限り往生を得られない。いのち終る時はじめて往生した。だからその機は邪定聚の機であります。邪定聚ということは、一生の間、一遍も往生という経験がないのであります。往生は宗教生活であり、純粋の精神生活であります。その経験のない人を「五逆十悪　具諸不善」というのでありましょう。全く物質生活だけである。そういう物質主義の典型的なるものを下品下生という。「五逆十悪　具諸不善」それがその人の生活全部である。そしてそれが私共の生活でありましょう。

「久遠劫より今まで流転せる苦悩の旧里は棄て難く」と歎異抄の第九条にあります。

「久遠劫より今まで流転せる苦悩の旧里」というのは、全然精神生活がなく、一生涯の間、ねてもさめても物質万能の生活であるというんでしょう。そういう人は本当に生死の問題を考える余地がない。この人に善知識が佛法のお話をしても耳に入らない。そこで善知識は下品下生の人にたいして、あんたは佛法の話をしてもわからないであろうが、佛法の最後はお念佛であると、お念佛の他はないんでしょう。すなわち歎異抄第二条の「ただ念佛して」ということでありましょう。あれは下品下生の人に対する最後の教えでしょう。もう何もいらぬ、ただ南無阿弥陀佛を称えなさいとこうおっしゃる。それを「転教口称」と善導大師は散善義にいわれる。心のことなどはもうなんにも余地がない。口に南無阿弥陀佛を称えなさい。最後はそれしかない。それを「転教口称」という。それから私が称えるから、あなたも一緒に称えなさい。いわゆる出ずる息は入るをまたぬ最後の息に、ナムアミダブツ・ナムアミダブツと十遍称えなさい。それはなにも十遍にかぎったわけではない。五遍称えようが、六遍称えようが具足十念でありましょう。「具足十念称南無阿弥陀佛」であります。出ずる息の時称える。称えて生命終った時はや入るをまたない。そうしてその人の顔は、大安心の貌であります。触光柔軟のご利益をうけて、めでたく往生した。その人の往生を雙樹林下往生というのでしょう。下下品往生であって、観経の顕の義からいえば雙樹林下往生であると思います。親鸞聖人は、観無量寿経を大無量寿経の本願成就の文に照して、それがそのまま難思議往生に転じてくる。

私どもは、長い間いつまでたっても観経往生の惑いがとけないで、大経往生の本当の教えというものがはっきりしないのであります。そういうもののために歎異抄第九条の御物語というものがあるのです。そういう必要からあのような教えがあるのでございますが、浄土眞宗の本当の思召しにつきましては、もっと私共は教えをよく聴聞する必要があるかと思います。

第三講

一

昨日の午前から連続してお話いたしておりますが、浄土眞宗の教えを正しく信ずることによって我々に新しい心の光が、また未だかつてない新しい人間像ができなければならないのであります。たとえば、キリスト教の信仰によって、それによらなければならない独自の人間像がありますように、佛教を信ずる人には、佛教によらなければならない人間像があるわけであります。とくに大経の教えを正しく信じ奉行することによって、どのような人間像ができるものであろうか。そういうことを話して欲しいと、この教区の若い方々が望まれたのでありますが、それを簡単に言いあらわすことがむずかしいのです。

往生と成佛ということが、浄土眞宗の教えによっての一つの利益であるというところに眼を開いて、眞宗の人間像のお話をしたいんだけれども、どうもはっきりしたことを申しておらぬような状態であります。

とにかく往生というものがあります。その往生について、第十九願の往生、第二十願の往生、第十八願の往生について、善導大師が三往生ということを教えておられるわけであります。昨日も申しましたように、それは何を意味するかを、善導大師がどこかに説いておられる筈でありますが、いま伝わっておる聖典の上には、ただ名前だけあって、解釋が加わっていないのであります。

それを、長い間の年代を経て、浄土眞宗の開山、親鸞聖人が教行信証の中において説明しておられます。教行信証には一巻一巻に標挙の文があります。教巻には大きい字で「大無量寿経」と書き、小さい字で二行にして、「眞実之教　浄土眞宗」と割註が入れてあります。行巻には「諸佛称名之願」とかかげて、下方に割註二行にして、「浄土眞実之行、選択本願之行」と記されています。第三巻の信巻の標挙は、「至心信楽之願」と大字で記しその下に小さい字で、「正定聚之機」とあります。第四巻の証巻の標挙には、大きく「必至滅度之願」、小さく「難思議往生」と記してあります。三往生の中の第一の名前が難思議往生、自分の心で思うことも、言葉でもってわかることもできないことを難思議といいます。我等人間の分別の心では、思想・思考・思索することもできないし、言葉をもって表明することもできない。これは第十八願の眞実報土の往生であります。これは往生は心にあるが故に、信心決定のときから命あらんかぎり、決定往生の生活をするほかはないのであります。この往生は常に畢竟成佛と連結しているものであります。往生の到達点が無上涅槃であります。(命が延びれば往生、命終れば成佛である。)往生と成佛は必然的関係をもっており、この二つを混乱することはできないが、引き離すこともできない内面的必然の関係をもってあるのであります。「弥陀の誓願不思議に……」という不思議と、難思議とは同一であります。

次に観経には観経の信心があり、阿弥陀経には阿弥陀経の信心があります。大経の信心は如來廻向の大信心であります。観経の信心も、阿弥陀経の信心も定散自力の信心であります。これを究極的に表現すれば、不了佛智とか、佛智疑惑ということになり、ほんとうの意味の信心ということはできないのです。しかし、全く佛教について何の信心もないかといえば、そうではなく、その人は罪福の信心、罪は悪、福は善で、自分の心に善心がおこり、悪心がおこると、そのたびに信心が動揺し動転するのであります。故に十九願や二十願の信心は、世間一般でいう信心であります。佛教以外の諸々の信心、現世祈祷をする信心も、一応の信心でありますが、すべてそれらの信心は、罪福を信ずる自力の信であります。

曇鸞大師の往生論註の中に、念佛を称えても、如実の念佛と不如実の念佛がある。その不如実の心の姿を大師はおのべになって、「一には信心淳からず、存せるが若く亡せるが若き故に。二には信心一ならず、決定なきが故に。三には信心相続せず、余念間つるが故に。」そういうのも信心であるが、しかし、絶対的純粋の信心の立場から見れば、それは不如実修行の信心であります。いやしくも宗教であれば、みな信心を主張しないものはないが、眞の宗教の信心というものは、眞実信心といい、あるいは、金剛堅固の信心という。金剛堅固の信心は、如來のご廻向のお心であります。それを清浄眞実の信心といわれる。不如実の信心は、おおくはやはり現世祈祷というような内容をもっておるのであります。

「釋迦・弥陀は慈悲の父母
種々に善巧方便し
われらが無上の信心を
発起せしめたまひけり」

「眞心徹到するひとは
金剛心なりければ
三品の懺悔するひとと
ひとしと宗師はのたまへり」

「五濁悪世のわれらこそ
金剛の信心ばかりにて

ながく生死を捨てはてて
自然の浄土にいたるなれ」
「金剛堅固の信心の
さだまるときをまちえてぞ
弥陀の心光攝護して
ながく生死をへだてける」

これは高僧和讃の中の善導大師の御釋の言葉をよりどころにして、御開山聖人が製作になった御和讃でございます。更にお話したいのは曇鸞章の和讃であります。

「尽十方の無碍光は
無明のやみを照しつつ
一念歓喜する人を
かならず滅度にいたらしむ」
「無碍光の利益より
威徳広大の信をえて

かならず煩悩のこほりとけ
すなはち菩提のみづとなる」
「罪障功徳の体となる
こほりとみづのごとくにて
こほりおほきにみづおほし
さはりおほきに徳おほし」
「名号不思議の海水は
逆謗の屍骸もとどまらず
衆悪の万川帰しぬれば
功徳のうしほに一味なり」

これは御開山さまの思召し、また曇鸞さまの思召し、天親菩薩の思召しもそうであるのでありましょうが、すべてこれらはわれらが死んで命終って、佛になっての上の利益ではなく、この世に生存して、生存中に深いご縁があって、「聞其名号信心歓喜」という新しい生活の心境が開けてくる。その新しい心境をお示しになっておるのでございます。

要するにこれは、無生の生、眞実報土の往生は無生の生であります。我らが如來の本願を信じてその信心が眞実であり、清浄であるならば、その信心のご利益として、信心の智慧が与えられるのであります。信心の智慧というのは、悟りでありましょう。悟りとは、眞実証で、無上涅槃の証であると決めるわけにはいかぬのであります。さとりということは、智慧という字を書いてあります。智という字も、慧という字も、さとりでございます。だからして、われらは今の生死の体をもっておっては、無上涅槃のさとりをうることはできませんが、しかし、無生法忍をさとる。つまり、無生法忍をさとるというさとりは、すなわち往生の智慧でありましょう。往生浄土のさとりというさとりは、信心によって無生の生をさとることであります。すなわち往生することでありましょう。

無生の生というのは、無生であるのに何故生というのか。曇鸞大師のご解釋によると、「生というは得生者の情なり」とこういっておられます。得生者の情は、迷の情ではありません。これは一つのさとりでありましょう。信心の智慧としてのさとりであります。それなら何も学問のない人が無生の生などということがわかるわけはないでしょう、というようなことをいったり、思っている人もおられるでしょう。これはやはり佛法の不思議、誓願の不思議によって、文字の解釋とか学問がなくても、実際の生活の上において、無生無滅、不生不死の境地が会得されるのでございます。

二

これがすなわち眞実報土の往生であり、如來廻向の大信心のご利益として、如來の本願、無生の生の心境が心の中に開けてくる。眞実信心を得ることによって、心に浄土が開けてくる。浄土がひらけてくるといえば、それは無上涅槃ではないかというに、それはちがうのであります。心に浄土が開けることと、無上涅槃のさとりとはちがうんであります。親鸞聖人は、生死を離れるということと、無上涅槃をさとることと区別しておいでになります。法然上人は「夫れ速に生死を離れんと欲わば……」とおせられた。法然さまはそこをはっきりしておっしゃるのかどうか、私にはよくわかりません。しかし浄土宗の多くの人は「生死を離れる」ということを、命終っての時のことだと一般に考えられておるのではないかと思います。

とにかく親鸞聖人は、「生死を離れる」ということは、信心決定の時に生死を解脱すると、教行信証の信巻にちゃんと書いておられます。無上涅槃をさとることは、現生においてはできない。それは明瞭であります。それができるというならば、一益法門の異義、邪義というものでありましょう。生死を離れるということは無上涅槃と区別すべきものであります。眞実信心をうるときに生死を解脱する。だから生死解脱と無上涅槃をさとるということは、はっきり区別することが必要であります。これを混乱すると信心のご利益はなくなってしまうのであります。

そのことは、大無量寿経下巻三毒段の前の言葉にでております。上巻の始めからずっと阿難尊者を対告衆として、如來浄土の因果、衆生往生の因果についてつぶさにお話くだされているわけであります。ところが下巻の三分の一ばかりいったところに、「百千万劫　不能窮尽」という言葉が終ると「佛告弥勒菩薩」と弥勒菩薩を差し招いてお話なさいます。大経を説かれる時は、佛陀の前に万二千の阿羅漢が並んでおられ、その後に不可称計の大乗の諸菩薩、つまり普賢菩薩、妙徳菩薩すなわち文珠菩薩、また弥勒菩薩がおられると序分のはじめに記されてあります。つまり大乗の菩薩は後の方に聴聞しているのであります。無量無数の菩薩が十方世界から参加して、大無量寿経の説法を聴聞しておられるのであります。この菩薩を代表するお方が弥勒菩薩でありまず。その弥勒菩薩を末座の方から釋尊が呼び出されて、対告衆として下巻の終るまで話されるのでございます。これはつまり、後世の末法五濁の時代の我々のために、弥勒菩薩を対告衆としてお話なされるのであります。そこには三毒段も五悪段もあるわけでございます。それがすむと、胎生、化生、つまり眞実報土と方便化土との区別を明らかにされています。つまり四十八願では、阿難尊者に対しては二十の願のお話はなされなかった。しかし、弥勒菩薩を呼んでお話になる時始めて二十願のお話をなさるのであります。だから下巻の胎生、化生のお話をなさる一段が、二十願成就の御文であります。そのことは、三経往生文類の中にはっきりとでています。教行信証では、二十願成就の御文という名前は、化身土巻を読んでもでてこないのですが、三経往生文類御製作の時始めて二十願成就の文であるといって、不了佛智のものが胎生往生するという一段の経文をお引きになっています。教行信証では、まだ聖人はご決定にならなかったのを、三経往生文類をご製作になる時、はじめて二十願成就の文をご決定になった。そういうことを一つ注意してもさし支えないことだと思うのであります。教行信証は聖人一代かかって完成しようという念願でこれに臨んでおいでになる。しかし二十願成就の文を教行信証では明らかにご決定になってはいない。このことも教行信証を拝読するにあたって注意すべきことではなかろうかと思うのであります。

三

それはそれとして、往生、特に眞実報土の往生、第十八願の往生、親鸞聖人のいわゆる難思議往生と名づけられておりますが、その往生についてお話ししたいと思います。これは皆さん御承知の通り、信巻の終りのところに、善導大師の観経四帖疏最初の偈文、十四行偈を引いておられます。「道俗時衆等、各無上の心を発せども」の文であります。これに聖人は、「発せども」と訓点をつけておられます。聖人以前は「発し」と読んでいたのであろうが、聖人は否定の意味を表わして「発せども」と読んでおられます。「各発無上心」は次の「共発金剛志」に対応する言葉であります。「各発無上心」は自力の菩提心、「共発金剛志」は他力金剛の大菩提心であります。それを表わすために、「各無上の心を発せども」とこうよんでいなさる。

「各無上の心を発せども、生死甚だ厭い難く、佛法復欣ひ難し、共に金剛の志を発して、横に四流を超断せよ」となっていまして、自力の菩提心を捨てて、他力横超の大菩提心を発すべきであると、善導大師は教えてくだされてあります。

この「横超断四流」というお言葉のよりどころとなる根本の経典が、下巻の弥勒菩薩を呼んでお話なさる第一段のお言葉であります。すなわち三毒段をおのべになる。三毒段五悪段は「易往而無人」の姿をくわしくのべるものであります。正像末和讃にも「眞実信心うることは、末法濁世にまれなりと、恒沙の諸佛の証誠に、えがたきほどをあらはせり」と。末法五濁の世界において、眞実信心をうることは容易ならぬことだと。それを「往き易くして人無し」と仰せられました。他力の念佛往生の本願に乗じて往生し、また成佛することは、まことに易行易往の大道であります。けれども、それを行ずる人がないのはなぜかという姿を、三毒段、五悪段にお説きになるわけであります。

三毒段は、我らの心の中にある煩悩であります。五悪段は、心に三毒煩悩をもっておる人々が、寄って社会を作るときの五濁の世界であります。人間世界と、佛の世界の交通が杜絶して、三悪道と交通がはじまるのであります。人天はもと善趣であって、五戒を保って人間に生まれ、天上に生まれると教えられて十善を行ずるのでありま す。それが社会をつくり、共同生活をしてくると、三悪道と交通をするようになる。すると三悪道に同化されて五悪趣になる。人天が善道、善趣となるのは、佛法を信じ、佛法を行ずるときであります。佛法を信じないと、人天が悪趣の仲間に入る。観無量寿経を見ると、韋提希夫人が「やや願わくは世尊、我にこの悪趣をはなれる道を教えてくださるように、浄土に往生する道を教えてくださるように」とお願いしました。その中に、この娑婆世界には地獄・餓鬼・畜生盈満すと書いてあります。人間や天上は、佛さまと縁を結んで、人間世界、天上界ができ上っているので、佛法を信ぜず、佛さまと縁が切れると、人間界も、天上界も、三悪道の仲間入りするのであります。

四十八願の第一願は、無三悪趣の願であります。何故にこの願をおこしてくだされたか。三悪道には佛法は広まらない。佛法に縁のない世界でしょう。ところが人天は佛法によってできている。佛法がないと人天はないんでしょう。佛の因縁にあって、人・天という結構な世界が、三悪道を離れてでき上っています。せっかく人・天に生まれても、もし佛法を信ぜず、佛法に仇をするような人間が満ちるようならば、人天は本來の意義を失って、三悪道におさめられるのです。それで三悪趣が五悪趣になる。こういうことを弥勒菩薩に教えておられるのであります。これは四十八願と少し違っておるようでありますが、その違っている理由を我々は知らなければならない。

つまり、ここに往生ということがある。人・天には往生の道というものがひらけています。往生の道がひらけているのに、我々はそれを信じない。そのために、地獄・餓鬼・畜生とだけ交通している。往生の往とは前向きという意味でしょう。そこで思いつくのは、往相と還相ということです。還相とは後向きの姿です。往相によって、還相という後向きの世界が新たに開けてくるのです。往相は精神主義の人の生まれる世界、還相は利己主義であるところの物質主義の人の生まれる世界であります。精神主義、光の生活をする人の生まれる世界を往相というのであります。還相はその反対なんです。

往相と還相とは対面交通するものであります。往相・還相の道を開いて、阿弥陀如來は対面交通の道を開いてくだされました。一方交通でいうと、還相とは物質主義の生活の道であります。往相は精神主義の人の歩く道、それが互に交通するというのは、その二つが併行し、対面する。その道を本願の大道というのです。だいたい聖道門は一方交通の道しかないのです。本願の大道は対面交通のできる大道であります。

このようなことを述べられたご文があります。それは、「必得超絶去　往生安養国　横截五悪趣　悪趣自然閉　昇道無窮極　易往而無人　其国不逆違　自然之所牽」というご文であります。これは教行信証は信巻の「横超断四流」の善導大師のお言葉のところに引かれてあります。信巻に引用してある横超断四流の釋と、眞の佛弟子の釋の二つの善導大師のお言葉は、非常な重要性をもっていると、ご開山さまは了解されて、まず横超断四流のお言葉を、続いて眞の佛弟子のお言葉を解釋なさるのであります。

「必ず超絶して去つることをえて、安養の国に往生すれば、横に五悪趣を截る。悪趣自然に閉ぢん。道に昇るに窮極なし。往き易して而も人無し。其の国逆違せず。自然の牽く所なり。」これは眞実報土の往生は、命終った後のことではなく、現在生きておるうちに往生が行なわれるのであります。これは三毒段の前にあって、つまり眞実信心を得、そして浄土を願生する、その人の中には往生の道が開けてくることをお示しになったのであります。往き易くして人なしというのですから、信心決定して、浄土を願生する人がないことを、佛さまが歎き悲しんでおっしゃっているんでしょう。これは私共がいま生きている現生の世界で、佛さまの懇ろなる教えを信じない姿をお示しになっておるわけであります。その中にいわゆる易往易行の大道ということをお示しになって、なぜ浄土へ行き易いかということを、詳しくお示しになっています。浄土は行き易いとか、行き易くないとか、信ずる人があるとか、無いとかいわれるのは、未來のことではなく、現生のことをお話なされた証拠であります。このようなことがあるにも拘らず、往生というものは、みんな未來のことだとはじめから決めておるんでしょう。だから、いくら教えてくだされても、耳を閉じて聞かぬ、瞶つんぼになっている。聞くべきことを聞かぬのは瞶聾というものでありましょう。みんな世界中の人が聾聵になってしまって、そしてせっかくみ法を聞く耳をちゃんと頂戴して生まれておりながら、耳を閉じて聞かない。それを佛さまが非常に悲しんでおいでになる。そういうことまでがちゃんと書いてあるのであります。

往生の道というのは現生にあります。われらには佛さまの本願によって往生の道がひらけております。それを、わざわざ聞其名号信心歓喜しないのであります。その悲しむべき物質的なあさましい姿が、三毒段、五悪段の中にくわしく示されておるわけであります。

観経往生は雙樹林下往生であり、観経往生を願う人は、邪定聚の機であります。邪定聚の機というものは、先述したように、浄土を願う、つまり浄土を願生するかぎりは往生はない。もし浄土を得生するならば願生は消えてしまう。そういうように決めてしまうのです。願生と浄土というものが、願生の心と得生の心というものは絶対矛盾のものである。だから、これは願生のあるかぎりは得生がない。得生が実現すれば願生は消えてしまうから、そういう人は眞実報土へ行かずに方便化土にとどまるのである。それは観経往生であります。得生しても願生のつづいている人は真実報土へ往生する。得生と願生は両立するものである。これが本願成就の文のお心であり、真実報土の往生の意義であります。

しかるに、真宗学の研究の中に、いつのまにか邪定聚の機、邪定、不定の根性が入ってしまったのです。彼の佛国土の中には、邪定不定の機はなく、みな正定聚の機であります。正定聚の機は、願生即得生であり、得生すれば愈々願生が起こる。願生は日に日に新たであります。そういう人は真実報土へ往くのであります。願生と得生が車の両輪の如く無限に働いていく、それを不虚作住持功徳というのであります。天親菩薩が「観佛本願力　遇無空過者　能令速満足　功徳大宝海」と仰せられたは、そういう意味をあらわすのであって、非常に大切なことであります。

第四講

一

大無量寿経下巻をずっと読んで行きますと、易往而無人のすがたをお説きくだされたのが、三毒段、五悪段であります。如來の本願を信ずれば、誰でも往くことができる。けれども本願を信ずる人が少なき故に、往き易くして人無く、いつまでたっても物質主義の世界に沈んでいる。物質主義の世界は物質万能であって、物質を得るならば幸福であろうと考えるが、実は自分がいくら得ても満足はないのであります。そのすがたを貪欲・愚痴・瞋恚の三毒の煩悩と名づけているのであります。

だから我等は、本願を信じ、念佛申すことによって、我等の心の中に浄土が開けてくる。その浄土が開けてくることが、如來の廻向でありますから、如來のおたすけというのであります。そして、その如來にたすけられたすがたを往生と申すのでありまず。如來にたすけられるということは、信の一念におたすけにあずかるものでありますから、往生は信の一念に成得するものである。そういう意味を、本願成就の文のなかに、親鸞聖人がくみとられたのでありましょう。

本願成就の文は昔から読まれているのだが、親鸞聖人にいたって始めて、長い浄土教の歴史——大無量寿経の歴史——の中ではじめて本願成就の文の本当の精神をくみとり、新しい読み方というものを見出されたのであります。

先に申しましたのですが、善導大師の往生礼讃のお言葉を信巻に引用しておられるが、その中に「前念に命終すれば後念に即ち生ず」とあります。前念に命終するということは、我等の肉体の生命が終ったということではなくして、我等の自力我慢のこころのいのちが終ったということであります。善導大師は果してそれを自覚しておっしゃたのかどうかわかりませんが、親鸞聖人から申すならば、やはり大師はそれを自覚しておいでになるのでありましょう。

「前念に命終すれば後念に即ち生ず」、これは前念・後念あわせて一念でありましょう。すなわち信の一念というものであります。信の一念を前念後念とわけるのは、体からいえば一念でしょうが、義(内容)からいうときは前念・後念の相続ということがあるのです。ただ、私達は一念であれば、常識的に一念で始まり、また一念で終るというような、何の持続性のない、忽然と一念は生じ、生ずるとはや滅し、前後の必然はないと考えるのであろう。

それで一念を、内容から開いて、前念後念の二念の連続を述べ、そして、現在の一念には方向があり、進行があり、そして停止しているのではない。そこに前後とひらいて示されたのであります。前念命終はすなわち信の一念であり、信心決定の一念である。それは親鸞聖人が愚禿鈔に、「本願を信受するは、前念命終なり」と示されております。本願を信じ、その本願をわが心に真受けにする。本願はひろく十方衆生を呼んでおいでになるわけであります。「親鸞一人がためなり……」とおっしゃるんだが、阿弥陀如来の本願は一切衆生平等にあわれんでくださってあるのであります。しかし本願を疑うているものは、本願の呼声を聞くことができないのであります。本願を信ずるものが、その本願を信ずる時に、如來の招喚というものに接するわけです。本願そのものは普遍的でありますが、本願を受取る信心は、特殊性をもつものであります。だから親鸞聖人は「弥陀の五劫思惟の願をよくよく按ずれば、ひとへに親鸞一人がためなりけり」とおっしゃられたのであります。ここは感謝とか報恩とかでなくて、懺悔があるのであります。全身悉く懺悔であります。

「真心徹到する人は、金剛心なりければ

三品の懺悔する人と、ひとしと宗師はのたまへり」

これがすなわち我等の無上の信心というものであると、御開山さまはお受けとりになったのであります。

それは善導大師が往生礼讃において、専修念佛には四つの徳がある。それに対して雑修に十三の失があるのです。たとえ正定を修する人でありましても、助業と正業をならび修して、助業と正業が間雑する、その区別をはっきり自覚しない、そういう修行のしかたをするものが不如実修行であるわけであります。だからしてそれを雑修の人という。「助正ならべて修するをば、すなわち雑修と名づけたり、一心をえざるひとなれば、佛恩報ずるこころなし」とこうおおせられてあります。こういうふうに専修の徳はきわめて簡単にのべ、雑修の失は詳しく述べてあります。これの親鸞聖人のお受とり方には、雑修十三失の中で、はじめの九の失は専修に対する雑修の失であるが、あとの四つの失、第十、第十一、第十二、第十三の四失は、二十願の不了佛智の人が如來の諸智を疑惑する、いわゆる専修にしてしかも雑心なるものである。「専修にして而も雑心なる者は大慶喜心を獲ず」というお言葉が化身土巻にあります。いわゆる二十願――自身は第十八願だと思って得意になっておるけれども、しかしそれが純粋な第十八願ではなくて、そこに二十願がある。こういうことを聖人が明らかになされて、二十願にとどまっておる失というものが、雑修十三の失の後の四つであります。このようにわが御開山聖人はお読みなされたのでございます。善導大師は意識して十三失をおのべなされたのではないかも知れませんが、大師の御心の深いところ、深層意識を開いて、雑修十三失の中の第十以下四つの失をあげてあるのです。「専修にして而も雑心なる者は大慶喜心を獲ず。」

二十願にとどまっている人は、二十願を意識しない。眞に廻心懺悔の心がないものは、形の上の専修念佛であるが故に、それで満足し止まってしまう。親鸞聖人にしても、そういう人間の心理状態というものがあるものであります。さきに申したように、眞実の願生心に目覚めず、一応自分の願いが満足したということになると、さらにその上に願生というものがでてこないのです。そういうところにとどまっている人を自力疑心の人と名づけるのであります。このようなことを御開山聖人がお教えくださって、そこに三願転入ということがあります。つまり二十願に果遂の誓いという深い意味をもっておるわけであります。それを専修念佛というところで一応わかったとし、自分の願も如來の本願も成就したと、本願成就の文を読んでいるのでございます。

だから本願成就の文の読み方というものは「諸有衆生、其の名号を聞きて信心歓喜し乃至一念までも至心に廻向して、彼の国に生ぜんと願ずれば、即ち往生することを得て、不退転に住せん。唯五逆と誹謗正法とを除く」と古來読んでおります。このように読めば、つまり二十願と同じものであります。信心歓喜してみたところが、それが本当の如來廻向の信心歓喜ではないのです。だからして、歎異抄の第九条をみると

「念佛まうし候へども、踊躍歓喜の心疎に候ふこと、又いそぎ浄土へ参りたき心の候はぬは如何にと候ふべきことにて候ふやらんと申しいれて候ひしかば、親鸞もこの不審ありつるに唯円房おなじ心にてありけり。よくよく案じみれば天に踊り地に躍るほどに喜ぶべきことを喜ばぬにて、いよいよ往生は一定と思ひたまふべきなり」とこのような問題を起こしているのであります。つまり二十願にとどまっておるのでありましょう。聖人はそこに深く懺悔して、転入の道というものを第九条の御物語に教えてくだされたのであります。

つまり、唯円大徳は二十願にとどまって、それを切りひらいてゆく力がなかったのであり、すすんで果遂の誓いを自ら読みとる力がなかったんでありましょう。それで大いに悩まれたのでありましょうが、やはり聖人の日頃からの教えを聴聞しておられたから、あのような疑問を提出して、聖人の教えを求められたものと考えられます。だから聖人のお言葉を読んでみると、やはり二十願の果遂の誓いの思召しを教えてくだされたものと考えられるのです。「よくよく案じみれば……」とは弥陀の五劫思惟の願をよくよく案じみればということであります。よくよく案じみれば天に踊り地に躍るほどに喜ぶべきことを喜ばぬにて、いよいよ往生は間違いない——そこに深い廻心懺悔の道を教えてくだされてあると考えられるのであります。

第九条の物語は、とかく普通の人は満足し、あのような疑問を起こさぬのでありましょう。それを唯円房が疑問を起こしたということは——別に十八願とか二十願ということはそこには述べてないが——やはり常に聖人の教化に接していたからでありましょう。普通の者は、愚かなあさましいものであるから、踊躍歓喜の心もない。それは煩悩のしわざとしてあたりまえのことであって、別に悲しみも驚きもしない。そういうお弟子も多かったであろうと思われますが、その中に唯円大徳が厳しく反省して、あの二ケ条の問を起こされたのであります。

これは信巻に「悲しき哉、愚禿鸞、愛欲の広海に沈没し名利の大山に迷惑し、定聚之数に入ることを喜ばず、眞証之証に近づくことを快まず、恥づ可し傷む可し矣」と仰せられるのと相呼応しているものだと、昔から伝えられているのであります。

この唯円大徳の深刻な疑問に対し「親鸞もこの不審ありつるに唯円房おなじ心にてありけり……」と答えておられる。これは親鸞も昔からこの疑いがあり、お師匠法然上人に苦しみを訴えて、その教えを頂いたこともあるのです。けれども、これは人間が生命あらん限り、一応解決しても、解決し終ることのない疑問であるということを、聖人が教えてくださる深い思召しがあると思うのであります。

ここに私は、我らの問題は我らの問題であるばかりではなくして、佛さまもこのとおりの悩みとか悲しみをもっておいでになるのではないかと思うのであります。

佛さまのお慈悲の、慈というはいつくしむ意であり、悲というは憫れむという意味と一般に考えられるようだけれども、悲という字は単に憫れむのでなくして、憫れみまた悲しむという二つの意味をもっておるということです。これは歎異抄に「聖道の慈悲といふはものを憫み悲み育むなり」とありますが、育むというのは慈の意味で、慈悲の悲は憫み悲しむという意味をもっているのであります。佛さまの慈悲はたゞあわれんでくださるだけではなくて、やはり佛さまは悲しんでおいでになるのです。大悲には、佛のどうすることもならぬという悲しみがあるわけです。

あるキリスト教の信者が、キリスト教の神には悲しみがあるが、佛教の佛さまには悲しみがないと批判されましたが、決してそういうわけではなく、佛さまにも、どうしようもないという悲しみをもっておいでになるのです。

機の深信のお釋の終りに「無有出離之縁」というお言葉があります。これは、行者だけの悲しみでなく、行者の悲しみを佛さまも同じく悲しんでおいでになられるのであります。それを無縁の大悲という。無縁とは縁なしということで、つまり無有出離之縁という意味をもっているのではないかと、かねて自分は感じておるのでありま す。行者の悲しみと如來の悲しみの相逢うところに、誓願の不思議に助けられるという深い意味があるように思うのであります。助ける縁も手がかりもないものを助けよう。それは結局、衆生が助からない限り佛さまも助からぬ。如來は衆生と同じ境地におられる。佛さまは我々と同じところに立たれて、しかもそれを助けようといわれる。助かる縁もないけれども、それに絶望しておれないということです。機の深信は絶望だと解されているようですが——絶望しておれない。その絶望しておれないということは佛さまにおいてもそうであるし、我々においてもそうじゃないかと思うんであります。そこに機の深信から法の深信というものを呼び起こしてくる一つの不思議というものがあるのではなかろうか。

だから無有出離之縁の悲しみは、佛さまと我々と共通している悲しみであるが、その悲しみのところで終ってしまわない。悲しみが帰着点ではなくして、不可思議の誓願を呼び起こすのでありまして、単なる絶望とかと解するわけにはいかないのです。そこに弥陀の誓願不思議に助けられるということが私どもに成立して、そして本願成就が即ち信心成就なりということになり、本願信心之願成就之文という一段があることを親鸞聖人が感得されて「諸有の衆生、其の名号を聞きて信心歓喜せんこと乃至一念せん」と切って読んでおられるのであります。これがすなわち善導大師の前念命終であります。前念命終とは我らの自力の心の生命が、無始曠劫以來の自力疑心が終りをつげたということであります。こういうように本願を信受するということが、前念命終であると愚禿鈔に示されておるのであります。

二

それから「至心に廻向したまへり。彼国に生ぜんと願ずれば、即ち往生を得、不退転に往せん、唯五逆と誹謗正法とをば除く」これをご開山聖人は「本願欲生心成就之文」とご決定になっているのであります。本願の欲生心成就の文とは、欲生心がたゞ成就したというのではなくして、欲生心は限りなく、新たに新たに欲生心がつづいてくるのであると。その欲生心が、願作佛心がすなわち度衆生心となるのである。度衆生心というのは、衆生をおさめとって、有佛の国土に生ぜしめる心であり、それはどこまでいっても、願作佛心が度衆生心であるが故に、願作佛心は如來廻向により願往生心となるのでありますが、その願往生心は単に自分が往生したということで解消してしまうのでなく、限りなく願生心が続いてくるのであります。そういうことを示して

「浄土の大菩提心は、願作佛心をすすめしむ、

すなわち願作佛心を、度衆生心となづけたり」

「度衆生心ということは、弥陀智願の廻向なり、

廻向の信楽うるひとは、大般涅槃をさとるなり」

「如來の廻向に帰入して、願作佛心をうるひとは、

自力の廻向をすてはてて、利益有情はきはもなし」

とある。そこには眞実信心はすなわち願作佛心でありますが、それを更に堀りさげて、そして欲生心を感得してゆくのであります。

私はいま思うように話し得ないのでありますが、至心信楽欲生の三心というものは、第二の信楽が中心になっているのですが、第二の信楽が三心の中の自体自相であるとするならば、至心は名号を体とすというのでありますから、至心は本願によって南無阿弥陀佛が成就した一つの相である。すなわち信心の果相なりと解するならば、欲生我国とは我らが信の一念に救われた如來の救済が成就したということから更にすすんで、如來の因位の御心、やるせない願心を深く堀りさげてゆくのが欲生我国というものではなかろうかと私は思うのであります。

一般のお方の考えでは、至心とか信楽とかいうのは因であって、欲生我国はつまり欲生心が成就して、我々の浄土往生の願いが成就するのであるから、至心が信心の因であり、欲生心は信心の果であると考えられておられるようであります。昔の講録を読むと大体そのように解されているようだが、私はむしろその反対であって、至心信楽に救いを得て、如來の救済の基づく因のもとにさかのぼって、如來の因位の御心、つまり法蔵菩薩となって如來がはじめて本願をおこさせられたその根本にさかのぼっていく、そういう意味を欲生我国がもっていると思うのであります。欲生我国は因より果に下って決定往生を満足してよろこぶことと解されているけれども、そうではなくて、欲生はむしろこんにちはじめて我らが救いを得たのであり、その我らを助けんと思召したゝせられたというところにさかのぼるのである。「弥陀の五劫思惟の願をよくよく案ずれば、ひとへに親鸞一人が為なりけり」というのは至心信楽ということであり、「さればそくばくの業をもちける身にてありけるを助けんと思召したちける本願のかたじけなさよ」というのは、つまり如來が因位法蔵比丘の昔にはじめて超世の悲願を思いたゝせられた、その御心を深く掘り下げていこうというのが欲生我国ということではないかと了解するものであります。

このように欲生を考えると、それは「欲生づのり」であるとか、「願生帰命」であるとかいうてけちをつけて、二束三文にいう人もあるということを聞いております。

しかし私は、至心信楽というところでお助けを得て、さらにそのよって來たる根本へさかのぼっていこう、それが欲生我国ではないかと解するものであります。一般の人は信心によって私共が往生をとげることが、信の一念に決ったという喜びを得ることが欲生我国であると解されて、欲生は信心の義理で信心の他に体のあるものでないといわれる。しかしもちろん、信心以外に別体があるというわけではありません。信心の中に欲生という意義をもつ、その意義が重大である。体がないというので欲生を軽くあつかうが、信心のなかに欲生我国という願の意義をもつのであって、信心で救われたらもはや何も願うところはない、ありがたやありがたやといってただ喜んでいるというような、そんな軽い意味ではないと思うのであります。

欲生とは助かったことが有難いというのでなしに、如来が昔本願を起こして、助かるまじき我々を、助けんと思い立ってくだされたその昔に立ちかえって、本願を起こして下された佛さまのやるせない御心にさかのぼってゆくところに、限りなき問題があるのであります。欲生我国のところに、もし欲生がないのならば問題はないのです。

眞実信心によって一切完了したということでは何のこともない。何の生活もない。欲生我国というところに、はじめて我らの宗教生活、信心生活を開き出すものがあるのでありましょう。

それで前念命終ということは、信に死して願に生きると、私は了解しています。信は「信心歓喜乃至一念」というところでもって、救いは成就したのであります。自分の救いは成就したというところで、鬼の首をとったように思っては、誓願の不思議というものはないのでありましょう。我らが助かったというところから新しい世界が開けてくるんであります。ほんとうの問題は信心によって我らが助かったというところから、眞の宗教生活がはじまるのであります。

私は浄土眞宗の人間像というのはそこだと思います。欲生我国というところに永遠の人間像があるのです。たゞ至心に信楽せよというだけでなしに、我国に生まれんと欲えと、我らを召喚したもうということは、佛さまの本願が成就し、自分は助かったと、そこで終らずに、助かったところから更に本当の佛法の世界と信心の生活が開けてくるのでありましょう。だからして至心信楽欲生我国というところに永遠に死なない浄土眞宗の人間像があるのであります。それが至心信楽で終ってしまうと、なんの人間像もない。そうでないですか。欲生我国というところに新しい人間像があり、それを親鸞聖人はおっしゃっているのです。

従來の眞宗教学では、欲生我国は信楽のほかに欲生の体がないから、欲生を軽しめ、のみならず欲生をもて余し、邪魔にしていたのであります。欲生我国は十九願にも二十願にもある。そして第十八願の欲生我国があって、三願に通じ自力・他力両方に通じると考える。だからそこに、なにか自力的なにおいを感じて、欲生をもて余して、欲生を解消している。別体がないんだから、信の一念に欲生が成就し願がなくなってしまうというふうにいい加減に扱うものだから、罰が当って欲生が亡霊となって信心を妨げているのでしょう。

欲生というのは、信心の体のほかに別体があるわけではないが、その信心には欲生という大きな意義をもつ。体がないから軽いと昔の宗学は弁護していますが、欲生は信楽の義であります。義は単なる義でなくはたらくのであります。生きてはたらいているところの義です。

その義が信楽の中になかったら、信楽は内容のないものになってしまう。信楽から欲生がひらかれる。そこに信楽が欲生という意義になって信は願という意義になって信楽が生きてくる。信楽が、一面は信楽であるが、その信楽全体が欲生になる。至心信楽全部が欲生としてあらたに名のりあげる。信楽は欲生として生き、蘇るのである。信楽が信楽としての相は信の一念で終ってしまう。第二面は欲生であり、欲生我国という相をもって信楽は永遠に生きる。これがつまり「欲生というは、則ち是れ如來諸有の群生を招喚したまふの勅命なり、即ち眞実の信楽を以て欲生の体と為るなり」ということである。だから信楽は信楽としてでなくして欲生我国の相となって復活しているのです。

キリストが十字架に死したが復活した。信としてのキリストは死んだが、願としてのキリストは復活した。願において復活したのでありましょう。キリスト救と佛教は違うが、欲生心は信心が復活して欲生心となったのであります。信心が如何様に復活したかといえば、欲生我国としてよみがえったのであります。そこに我々ははじめて本願の主となるのです。至心信楽では我々は本願の客であります。本願の客が本願の主となるのが欲生というのであります。

その本願の主となるということは、如來廻向の信楽の中にそういう意味をちゃんともっていた。信楽にそういう義をもっている。その意義は概念的な死んだ意義ではなく、生きた意義である。だから信楽は欲生として復活し、復活したら欲生は永遠に生きている。私どもは死んでも欲生心は生きている。それが還相廻向というものになる。それこそが欲生心の永遠の相であります。

私は浄土眞宗の教えというものはそういうもので、ここまでくれば自力だの他力だのというような小さい範疇にしばられていない。至心信楽までは自力・他力の範疇にあるが、欲生というところにくると、それをのり越えてくるのであります。

私共はそこに永遠の人間像というものを見いだすことができるということを申し上げて、これで解決したというわけではないのですが、問題の意味・人間像の意味はどういうものをもっているかということだけを述べ、皆さまのご参考になるならばさいわいだと思いましてお話をいたした次第であります。

附

質疑応答

〔質問〕無上涅槃のさとりと無生の生のさとりとは別と承わりましたが、そうすると眞実証が無上涅槃のさとりで、眞実証以外にもう一つさとりがあるのでしょうか。

〔答〕無生の生のさとりは信心であり、心のさとりであります。無上涅槃は身心一如のさとりであります。だからさとりと申しても単なる心のさとりと、身心一如のさとりとは区別する必要があると思います。

〔質問〕　無生の生のさとりは眞実証とは別のものですか。
〔答〕　眞実証ではありません。正定聚の位のさとりでございます。
〔質問〕　正定聚と、往生は一つでございますか。
〔答〕　決定の往生、決定的往生を正定聚という。往生は決定的であるという。そういう生活の姿を現生正定聚と名づけるのであります。法に於ては正定業、機に於ては正定聚であります。
〔質問〕　往生は現益だと仰せられたそういう意味の往生は、正定聚不退転ということと同じことでございますか。
〔答〕　正定聚も不退転もみな正しく往生について正定聚不退転でありましょう。けれども往生は単に往生でなく、成佛と結び付いていることを知らなくてはなりません。
〔質問〕　例えば、末灯抄の中に「浄土に往生するまでは不退の位にておはしまし候へば、正定聚の位と名づけておはしますことにて候なり」とございますが…。
〔答〕　浄土へ往生するという言葉に、やはり安楽浄土に至る、ということがある。至るということと、往生するという言葉に共通点はあるけれども、やはり違う。往生は生活であります。至るということは、最後の到着点を表わすものである。

往生という言葉には種々の使い方があることと思うのでございますが、そういうことはやはり眞宗教学が完成していないからそうなる。だから今日の我々は、今まで教学は完成しておらんのでありますからして、完全にするようにみんなが手をとりあって努力してゆくべき時機に到達したと私は思う。今までの御聖教だけでは或はあいまいな事が沢山ありまして、今日やはり教学というものを決定しなければならぬと思います。そういう時機に達したと思います。そうでないと何時までたっても弁解的な不徹底なことになってしまう。そんなことで宗学が終ったら大変だと思います。今日やはり茨の道を切り開いていくという覚悟をしなくてはなりません。蓮如上人も御苦労下されたであろうが、今日の我々は蓮如上人以上の覚悟をしなくてはならんと思います。それをしなければ眞宗は滅亡します。今までのような程度の、ここにこうあるからどうのと、そのような程度の生ぬるい研究に終ったならばわれわれの浄土眞宗は滅亡します。そういう危機に到達していると思います。だからして、しっかり皆さんが教えを明瞭にするように力を合わせ、また各自各自が自分の心を養ってゆかねばならぬ。

往生は心を養うのでございます。往生は修行であります。往生は人生の修行であると私は理解しておるのであります。

金子大栄先生講話

第一講

序

与えられた題目は、昨年の曽我先生のそれと同じものであります。先生は近頃殊に「往生と成佛」を問題とせられ発表されましたが、そのお話を聞いた人も、読んだ者も、非常に感動され、到る処でそのことを承わっています。

私も種々発表されたものをほゞ承知しておりますので、先生のご意見については、私としては何もお話することはないのであります。

しかし、それを多分ご承知の上で、同じ題目で話をせよという皆さんのお考えもあるのでしょうが、私としてはこの際ちょっと「曽我先生と私」というようなことも話しておいてみたいのであります。しかしこの話をするのは大変に長くなるので同じ題目が与えられたことについて、先生の前で申し上げたことの一つ二つを思い出し、それから話に移りましょう。

なにか支那の書物でしたか、賢い者と愚かな者に二十里の違いがあるという話があります。「二人がある家に泊ったら、その家の主が謎のようなことをいった。それを聞いて賢い方の人は、そうですかと早速返事をした。愚かな方の人は二十里歩いてから漸くにあゝそうであったかと気づいた。」というようなことであります。

先生と私は、丁度そのようなものですなアと話したことがあります。というのは、先生の発表せられたことが、私には十年位たってから、あゝそうであったかなアというようなことであると申し上げた時に、先生は「それでは私は頓機で、貴方は漸機というようなものですか。しかし頓漸不二ということもありますからな」といっていただいたことを憶えています。頓漸不二、如何にも意味の深い有難い言葉であると思っています。それと同じようなことで、別の時に先生は「私は解ったことでなければ話をしない」といわれた。私は「解ろうと思うことでなければ話をしません」と申し上げたことがあります。言葉の上では、何でも先生のいわれることと少し違ったことをいわぬとすまぬように思われるかも知れぬが、正直に申したのであります。

しかし、今から考えてみると「解ったことでなければ話をしない」ということも「解ろうと思うことでなければ話をしない」ということも、結局一つになるのかも知れません。しかし、そういうふうにいわねばならぬところに二人の性格があり、人生経験があるのであって、結局、各々が別のようなことをいって、そしてどこかに通うものがあるということであるにちがいないと思って、今回も喜んで参った次第です。

もっともそんなことは聞く方の者が承知しているとおっしゃるでもありましょうが、このように申しておいて、以下私が、解っていることか、解ろうと思っていることとか、どちちになるか知らないが、この題目に対して私の思うところを話させて頂きます。

簡単に申せば、成佛は聖者の道であり、往生は凡夫のねがいである、ということに帰すると思えます。換言すれば、成佛を願うものは聖者であり、往生を期するものは凡夫であるということでもありましょう。

これから三回にわけて話をするとして、三つのメモを申し上げましょう。第一は歴史の視野において、往生と成佛は、どういうことかを問題にし、第二には浄土のありかを問題とし、第三には往生のこころ、というふうにメモをしましたが、話を始めると、兎角脱線しがちになり、又脱線しないと話が進まないかも知れないから、予定として右のように話を進めたいと思っています。

一

第一に歴史を視野として、あるいは歴史の視野において、佛教の歴史をずっと見通して、どういうものが感ぜられるかということであります。一体視野という言葉は、場所的空間的に一時にみるということにおいては適切でありましょうが、歴史的時間的に動いているものに対して、視野とするということには、歴史的視野というものの性格がどういうものかをまず明らかにせねばならぬでしょう。

歴史というものは、始まりから終りの方をむいて流れて行く、佛教でいえば、釋尊が法を説かれてからだんだん展開してきて、親鸞聖人の浄土眞宗となったということでありましょうが、しかし、それを展望とか視野とか申した限りは、逆に浄土教から遡って釋尊の出世にまで視るということもあるのでしょう。

歴史的視野とは、釋尊から法然上人、親鸞聖人と見ていくことだけを考えられているようでありますが、実はその反面には、いつでも遡って行くということがあるのであります。そして始めから終りへか、終りから始めへか、その視野のうちに、その底を流れるものを感じてゆこうというのが、歴史の視野、展望の意味であります。さてこういうことが、話のなかにでてくるかどうか、どこまで徹底するか解りません。

こゝでお話したいことは、まず、浄土教の起源は、聖道の一方便としてであり、成佛の一つの方法として、往生が願われたものであるということであります。私達の学んだ順序から申しますれば、大乗起信論には、佛道修行は容易ならぬことでありますが、しかし、その修行を満足させるためには、浄土に生れてそこで修行することができるのであるということであって、佛法においては、佛になるということが目的であるが、それが容易ではない。その容易ならぬことを何とかなしとげるためには、浄土に生まれるに限るという思想であります。つまり修行の場所を求めることでありま す。往生するということは、この娑婆世界では修行が甚だ困難でありますから、もう少し修行の楽にできるところにいきたいということから出発しているように感ぜられます。

たとえば、学問をするには、場所はどこでもよいわけでありますが、東京とか京都とか、そして良い師のいらっしゃるところの方が、良いのではないかというような考え方であって、このような考えは、浄土の祖師である曇鸞大師あたりでもそうでしょう。「謹んで竜樹菩薩の十住毘婆沙を案ずるに、五濁の世、無佛の時において、阿毘跋致を求むるを難とす。」(論註)この阿毘跋致、つまり不退転は、退転なく佛のさとりを求むることでありますが、そのさとりを開くということは、不退転に修行しなければならぬということであります。いわゆるさとりは道であり、成佛は佛道であり、道は修行しなくてはなりません。そこで場所を選ぶのであり、静かな処、良師を求めるというような感じが曇鸞大師の論註でもあります。

さとりの道ということは、要するに生死解脱であり、即ち(覚りの道ということは)生きてよし死んでよしということでしょう。この生死超越の道というものは、観念的にはできそうでありますが、実際には修行しなければなりません。その修行は、この世においては甚だ困難であるということで、まず五濁の世を掲げて「一、外道の相善《しょう》は菩薩の法を乱る、二には声聞は自利にして大慈悲を障《さ》ふ、三には無顧の悪人、他の勝徳を破す、四には顚倒の善果能く梵行を壊《え》す。」(論註)

すなわち世界の姿であります。その上「五には唯是れ自力にして他力のたもつなし」とありますが、こゝの「他力」は更に展開して、親鸞聖人に至るまで変化をいたします。曇鸞大師においても、他力の意味は余程考えなければならないと思いますが「唯是れ自力にして他力のたもつなし」ということは、本当に指導者がおらない――釋尊在世の時には、釋尊という師がいらっしゃいましたが、今やいらっしゃらない。だから環境のよい浄土へ生まれて、良い指導者の在す佛の世界に生まれるということであったのでありますからして、修行のし易い場所として、求められたのが浄土であったのです。

それが「往生は易く、成佛は難し」という言葉で、ずっと佛教の歴史を貫いていまず。

二

成佛は容易でないが、往生は易い、それは何故かというと、佛に本願があるからであります。念佛衆生攝取不捨とあるのだから、佛の本願で浄土に生まれ得るのでありまず。甚だ容易な易行の道です。それに対して、成佛は難行であるということで難行易行ということが自力他力となり、又それが往生は易く、成佛はかたしとなっていまず。この考え方は、ずっと佛教の歴史を貫いて、殊に浄土の祖師といわれる方々に目立って感ぜられるのであり、法然上人まできても、どこかにそういうお考えがあったと思います。

難い所の成佛を目指し、そのために往生をしようということが、往生思想の起源であると思います。従って往生を求めることは、同じ求道者―菩薩―でも、いわば大心の菩薩、志の大きい人には必要がありません。弱き者はまずもって往生しなければならぬということであります。このように往生は易く、成佛は難し、ということで往生と成佛とをはっきり区別して、往生して後、修行して佛になるということであったと思います。

また、もう一つ用いられた言葉に、浄土の教は「本為凡夫兼為聖人」であるともいわれます。誰がいいだしたか記憶しないが、只力量の少ない菩薩が浄土に往生するということではなく、往生は凡夫のためであって、兼ねて聖者のためでもあるというのです。この言葉がこれまたずっと貫いているのです。

従って、歎異抄第三章の悪人善人などということも、いろいろと深く現実的に考えられることも当然ではありましょうが、前述の言葉を思い合わせれば、悪人正機ということは、本為凡夫ということであり、もともと凡夫のための本願であり、往生の道なのであります。聖者賢人は往生を願うても願わなくてもよい人でありますが、「自力の心をひるがへして」やはり自分も往生したいのだということであれば、それか

「善人も往生する」という事であります。

かくして、浄土の教えは佛教の附属物であり、本筋は成佛を願うということであります。往生はいわばその補助とでもいうもので、浄土往生の教えというものは、独立したものと考えられてはおらなかったのであります。それをはっきりと往生浄土のおしえと、成佛とに分けたのであります。成佛を願うのが聖道であり、往生を目指すものが浄土教であるということで、今の吾等にとっては、その成佛の聖道は、もはや間に合わぬのであります。吾等にとっての道は、成佛の道にあらずして、唯、往生一つであります。かように選択し、廃立して、それから浄土教の独立ということができました。

三

何と云っても法然上人の出現は、歴史の上において大きな一つの展開であります。かつて、法然上人は、佛教史の上の分水嶺に立っておられると申したことがありますが、ずっと、聖道の道で上り坂であったものが、法然上人を中心として、それから下り坂になり、聖者の道が、凡夫の道へと変ってきました。そこではっきりしてきたのが、廃立ということであります。この世においてさとりを開こうという聖道門は駄目であって、どうしても、往生浄土の他に人間の救われる道はないのであるといわれたのが、法然上人であることは、よくご承知のことであります。廃立とは、聖道門を棄て、浄土門に帰せよということでありますが、裏からいえば、成佛の望みを捨て、往生一つを願えということであると解することができないでありましょうか。法然上人にも、先述の如く、往生は易く成佛は難しというような言葉もありますし、更には、浄土へ往生してどうするのかというと、眞言秘密の法だの、天台宗の教えだのは、自分には分らぬけれど、お浄土へ行けば分ることだと、こういっておられるのでありますから、やはり佛道修行の志を満足するために、浄土へ行くのだという思召しもあるようであります。

しかし法然上人における廻心ということを考えてみますと、七高僧にもいろいろの形で見出すことができましょうが、法然上人ほどはっきりと、四十三歳の年に、善導大師の「一心専念弥陀名号、行住坐臥不問時節久近、念々不捨者、是名正定之業、順彼佛願故」の文をみて、眞に分別盛りの上人が、涙を流して、自分のような愚か者のために阿弥陀佛が本願を建ててくだされたのであると、廻心されています。このような方は他にはないでありましょう。これは全くの方向転換であり、廃立でありますから、この廃立は、浄土教独立の宣言であります。この廃立による選択があって「南無阿弥陀佛往生之業念佛為本」という旗印を掲げられたのであります。大経にも、観経小経にも、吾等凡夫には、往生浄土の教えが一つあるのみであります。

しかし、その廃立の上において教えられるものは、何か成佛道あり、往生道あり、というような相対的なもののように思えるということであります。

そこには法然上人の教えをどういうふうに受取るかということが、お弟子達にとって大問題になったに違いありません。法然上人の廃立の思想からいえば、菩提心無用ということでありましょうが、法然上人は四十三歳まで道を求められました。その求道の精神、即ち菩提心なしでは法然上人を理解することができません。しかしまた、菩提心をたのんでいては、法然上人を理解しえないという問題が一つあると思います。これは法然上人のお弟子達に確かに問題になったのでありまして、同様な課題が親鸞聖人の上にもあったと思います。

そこで聖道の菩提心、浄土の菩提心とかいうことがでてきて、菩提心とは何んぞやという問題もでているのです。

また、往生より他にないということは、どういう立場においていわれたかというと、何んといっても選択本願の第十八の願、念佛往生の願によるのであります。法然上人は一願建立で、第十八願一つ、親鸞聖人は五願であるということですが、いろいろたゞいてみると、甚だ意味の深いことであると思います。四十八願が説かれているが、要するに佛の本願は唯一つであります。

四

先年、鈴木大拙先生と対談したことがありますが、先生は「本願は四十八に限っていることはない、いくらあってもよいではないか」といわれました。私は「それは無量の大願ということもあるのだから、幾らあってもよいが、今日の若い人々から考えれば、四十八願は少し多すぎるのではないでしょうか」というように申しました。そのうちに先生が「本願は単数だ」といわれました。さすがにあゝいう方は天才であって、本願はたゞ一つ、願う心はたゞ一つである、たゞ一つの願が展開して無量の大願となる、そのたゞ一つの願は、第十八願の上に出ている、第十八願をたゞ一つの願とねがわれた処を私共はもっと考えてよいのでないでしょうか。ということは、大体親鸞聖人のいわんとなさるところは「眞宗は佛教の眞宗である」ということでありま す。佛教の眞宗か、それとも、佛教の一派としての眞宗かということについて、あるいは絶対眞宗・相対眞宗・教行信證二部作というようなことを考えてみたのでありま す。

教行信證では、佛教の眞宗であること、佛教の宗とするものを明らかにせられたのであります。大無量寿経は顕眞実の教えであることを示され、

「夫れ眞実の教を顕さば、則ち大無量寿経是也」

とあるが教の巻の結びにまいりまするとと、

「此れ顕眞実教の明證也」

とあります。眞実を顕わすと訓むのを顕眞実教と読んでみると、その他の経は未顕眞実であり、眞実とは方便に対すると習うてもきましたが、私はなおそこに落着けぬものがあります。眞実に対するものは方便ではなくして、方便は眞実へと導くところに方便の意義があるんであって、その方便に徹底すれば同じく眞実であります。眞実を顕わすのが方便でもあります。

顕眞実は

「如來の本願を説きて経の宗致と為す

即ち佛の名号を以て経の体と為る也」

であって、佛教の宗体というのは、本願を宗とし、名号を体とするところになければならぬのであります。そこに至らぬ限りは、未顕眞実ということであります。

このように大無量寿経が眞実の教えであって、宗祖はそこに第十八願を、法然上人もそうですが、本願の中の本願、あるいは本当に本願の名に価する本願であると見出されたのです。とにかく、設我得佛の願いを十方衆生にかけての本願は、十八・十九・

二十の三願しかありません。あとは衆生にかけておらぬのであります。「若不生者不取正覚」で、衆生往生せずは我も佛にならぬと誓う、つまり、運命を共にするというような言葉はこの第十八願にしかありません。十九願にも二十願にもありません。だから「阿弥陀の誓願」ということになると念佛往生の願いより他にはない。その他はいわば人間の理想でありまして、必ずしも如來の本願といわなければならぬのではないのです。たゞ人間の理想である時には未解決であっても、如來の本願であるということになって、何か意義をもつものであるのでしょう。例えば三悪道がないということも、社会科学者にいわせると、四十八願の中で一番大切なのは第一の無三悪趣の願でしょう。食うに困る餓鬼がなく、階級制度の畜生がない、そのように地獄餓鬼畜生のないようにしようというのが社会理想であります。如來の四十八願もそうなっているなどといわれます。しかし、このようにいうと、今日では四十八願の中で要らなくなったものも相当にあるともいえるでしょう。例えば、女の人は男の人よりえらくなったのだから、女人成佛の願いも要らないと、このように、あれもこれも要らぬと、だんだん要らなくなりそうであります。そんな人間の理想と、如來の本願との間に、どこに区別があるかというと、要するに第十八願という眼をひらかなければ、四十八願も本当に弥陀の本願にならないのであります。

ところが法然上人では、第十八願一つが、本願の中の本願であると受取られたのでありますが、親鸞聖人にとっては、この本願こそ眞実なものであり、同時に普遍性をもったものであります。浄土教の普遍性がそこで課題となっていますが、その第十八願の普遍的意義は如何というところから、諸佛称名の願の了解があるのであります。諸佛というのは、要するに阿弥陀であり、諸佛には夫々の道があろうけれど、諸佛本來の諸佛をして諸佛たらしめるものは何であるかというと、諸佛の願いは無限であります。即ち阿弥陀の願いであり、諸佛は皆阿弥陀でなくてはならぬのであります。従って、諸佛は皆阿弥陀の名を称するものです。そういう諸佛称名の願いによって、第十八願の普遍性を顕わし、更にそれによって必然性をあきらかにするところに必至滅度の願というものがでてきたのでありましょう。

かように、一願建立、五願別開というように習ってきたことも、要するに法然上人の思召しを親鸞聖人は本当に受けてゆこうとせられたのであろうと思うのであります。ところで、往生浄土の道が明確にされて始めて佛教というものは普遍的意義をもったのであります。換言すれば、凡夫の救いの道の開けるまでは、佛法は特殊の道であって、誰でも行くところの大道ではなくて、たゞ道を求める修行者の道でありました。修行者の道は尊いものであるかも知れぬが、しかし、それは選ばれた人の道であって、普遍の、誰でも救われる道ではないのであります。往生浄土ということ、それが佛教の願いであります。

五

大乗佛教とは何か、大乗佛教はいわゆる原始教団における精神王国であります。釋尊によって説かれた四諦八正道の教えというものは、精神王国を建てることが根本的な願いであったのだといってよいと思います。釋尊の説法を転法輪という、転法輪という言葉は、何時頃からのものか知らないが、古い言葉だと思います。法輪を転ずると申すのは、転輪王——四海を統一する王——が御車にのって津々浦々を巡視せられるところからでて、その世間の王と同じように、精神世界の王、如來即ち法王也で、法王としてのご説法が転法輪であります。その言葉をもって釋尊の説法をあらわさんとしたのであります。そこに精神王国ということがあったのであります。又三法印ということがありますが、あの三法印とは三つの旗印だということで、三つの幢・諸行無常・諸法無我・涅槃寂静、この旗印が佛陀釋尊の説法であるということになれば、これも又精神王国の旗印であるといってよいのであります。

今も印度にはあるらしい、婆羅門・刹帝利、吠舎、首陀羅の四姓の平等ということを世間においては、釋尊でもいえなかったでしょう。何か、余程階級制度のむつかしいものがあったようであります。しかし、精神王国においては、それをいわれた。すなわち、どの階級に属そうとも、出家して教団に入ったからは、先なるものは長老である、といった形であります。だからこの地上において、精神王国を建てんとしたのが、釋尊の精神であるといってよいでしょう。その精神を受継げば、結局世を離れたものでなくて世界そのもの、現実の王国をそのまま佛教的なものにしなければならぬというのが大乗経典でしょう。だから大乗経典は精神王国の普遍性であり、それは佛教精神による現実の世間の王国への指導性でしょう。これがつまり荘厳佛国でありま す。大乗経典はこのようにして、聖者・凡夫の区別を撤廃したいとねがっていても、どうしても達成されないものがあったわけです。

こゝに浄土教の出発点になるものがあるのであります。そこで彼岸の浄土というものがでてきたのでありますが、その往生浄土でなければ一切衆生の救われる道がないのではないかと、成佛道より往生道へと転回してきたところに浄土教の意義があるのでしょう。その意義を明らかにすることができたのは、大無量寿経の憬興の述文賛による「上巻は如來浄土の因果を説き、下巻は衆生往生の因果を説く」という言葉であります。

六

その二種の因果のうちに〝如來の因果〟でなく〝如來浄土の因果〟といい、〝衆生の因果〟でなく〝衆生往生の因果〟という。その浄土という言葉を、往生という言葉を抜くと、如來の因果、衆生の因果となりますが、四聖諦で申せば、苦集の二諦は衆生の因果であり、滅道の二諦は如來の因果であるといってよいでしょう。衆生の因果というと、すぐ悪因悪果を考えるけれども、衆生の因果でも、善因善果があります。だから、なるべく悪因悪果でなく、善因善果であるようにと衆生にすゝめたのが、苦集の二諦であるといってよいでしょう。この二諦の中には悪因悪果が悲しまれているけれども、その裏に善因善果も予想されているのでありましょう。しかし、如何に善因善果であっても、要するに迷いでありますから、世間の因果であります。

これに対して、滅道は涅槃に至るところの道、それは如來の困果であります。この二つの区別をどうしても撤廃できなかったのですが、そこで「浄土」の因果・「往生」の因果となったときに、二つの因果は裏表になってきました。だから「如來浄土」の因果といって、浄土と附け加えていうのは、衆生往生の因果を含んで「如來浄土の因果」というのであります。従って、衆生往生の因果の根元を尋ぬれば、そこに如來浄土の因果が存するのであります。そして如來浄土の因果の帰する処はどこにあるかといえば、衆生往生の因果であり、その源はどこにあるかというと、如來浄土の因果といえるでありましょう。従って衆生往生の因果が成立しなければ、如來浄土の因果は、意味をもたぬのであります。大無量寿経の二種の因果は、衆生往生に意味がある。

一体、如來は何のために浄土など建立されるのか、佛にとっては無用であります。佛はどこに在してもよいのだから、浄土を考える必要がないのに、何故考えねばならなかったかというと、本來衆生のためであり、如來浄土の因果は、もともと衆生往生の因果を含んでいるからであります。

昨今次のようなことも思うのです。衆生往生の因果ということによってのみ、佛教は普遍性を得たのであると。それまでは、佛法は特別に偉いおしえであって、普遍的ではありません。佛道を修行してできたものは偉大なものであっても、決して普遍的なものではありませんでした。普遍性とは、衆生の往生浄土ということによってのみ得られたのであります。往生浄土の教えがなければ、佛法には普遍性がないのでありましょう。

第十八願は、衆生往生せずば我も佛にならぬということであります。我々はそういう言葉だけを有難く頂いておったのでありますが、これをいいかえれば、往生浄土のおしえなければ、成佛は成立たぬということではないでしょうか。

第十八願を別の言葉で云い換えれば、衆生往生の道がひらけない限りは、佛法は普遍性を有することはできないのだということになるのではないでしょうか。それでは、どうして浄土往生ができて、佛法は普遍性を持つことができるのでしょうか。大乗は一乗であるであろうが、大乗は小乗ではない、ということもいわねばならぬし、そして又同時に一乗であるということをいわねばならぬのです。即ち大乗と一乗という、この二つの要求がどこで一つになるかということも随分考えさせられることであります。その大乗が一乗でなければならないならば、凡夫が救われるということこそが一乗道を明らかにすることであります。それには衆生往生せずば佛にならないということで、往生浄土の道がなければ、佛法にならないのだということです。要するに、一切衆生の救われるところの道開けずんば、佛法は成立たぬものだと、第十八願というものを我々はそのように受取っていってよいのではないでしょうか。

そうすれば憬興の述文賛によって、二種の因果の内面的関係というようなことを申すにも、まず、第十八願そのものを、法然上人はたゞ願うこころは一つであるといわれます。その願うこころは一つであるということは、佛法は一つであるということであります。佛法は唯一つだということを明らかにするのが、往生浄土の教えであります。

往生浄土の教えあって、始めて佛法唯一つといえるのであり、それが本当に人間の救われる道でもあります。人間によって練り、修行して行くところの道でなく、あたえられたる本願一実の大道であり、唯この道を行くべしという大道は、往生浄土のおしえに他ならないのです。

こういうことが、歴史的視野において見渡すときに、釋尊がこの世に出られましたことの意義であり、終りにあるものは始めにあったのであって、「如來所以興出世、唯説弥陀本願海」ということにもなるのでありましょう。かくて歴史の底を流れて、あるいは、成佛の方便というところから出発し、あるいは、往生は易く、成佛は難しというように色々なところを通して、最終的に顕わされたところを見れば、要するに、佛法は本願を信じ念佛を申して浄土に生まれるということにおいてのみ、その普遍的性格が顕現され、でてきたのにちがいないと頂かれるのであります。

しかしその場合、そもそも浄土とは何か、浄土のあり場所、在り方、又往生とは如何なることかを究めて行かねばなりません。それは次講において申したいと思います。

第二講

一

先ほどは、歴史の視野においてということで法然上人のお話をいたしました。どこかいい足らなかったところもあるようにも思いますが、次の題に移ってどこかで補充したいと存じます。第二に話したいことは、「浄土のありか」ということです。それは浄土は一体どんなものかということにもなります。浄土を明らかにしたいということは、少し大袈裟ないい方ですが、私の生立ちからの問題であって、大谷大学に就職した時にも、一体佛教の上に浄土はどのように説かれているのかと、いろ〳〵探ってみたのであります。ところが多くの大乗の経典にも、浄土という言葉は出てくるのでありますが、そこにでてくる浄土は、浄佛国土ということであります。

佛国土を浄めるという語から、佛国の二字を略して浄土というのであります。佛国という言葉が用いてあるから、佛国が浄土であるといいたいところですが、佛国というも、唯国土というも、ほゞ同じことでありまして、佛国といったからといって、必ずしも浄土であるとはいえないのであります。

たとえ穢土であっても佛国であり、娑婆世界は釋迦佛の国土であるというようなことでありまして、一つの世界は一つの佛国であります。このように用いられてありますから、浄佛国土というてあっても、浄国土というのと同じことであります。

しかし、更に国土を略して土という、その土というのは、業感の世界というものでありましょう。国土は人間業の感ずるところであります。我々の身体は直接に業感であり、どういう業を造ったかということによって、どういう体を感ずるかということになります。業によって感あり、感によって業を造るということであって、それがやがて、業と身体の関係ということにもなりましょうか。不養生という業により病身を感ずるのですし、善いことをすれば、幸福を感ずるような身になれるのであります。このように「身」は業によって直接感じられるものであります。この身を介して感ぜられるのが「土」でありまして、土すなわち、我々の目に触れ、耳にきこえる業感の世界であります。業感の世界とは、要するに肉体に感ぜられるところであります。この身において、寒さを感じるのは、私の身がそう感じるのであり、そういう弱い身であることは、私の生活の業によって感じたものであり、そしてその肉体を介して寒いなあと感ずるのであって、かくして各々の業感、人おのおのの世界というものができてくるのであります。

この業感の世界を浄めてゆこう、純化してゆこうということは、たとえば、我々の肉体が健全になれば我々の世界は住みよくなります。即ち我々の業を浄めさえすれば、いつでも幸せを感ずるような世界に住むことができるということであって、これが浄土という語の意味であります。多くの大乗経典に浄土という文字がありますが、多くはこのような浄佛国土という意味であります。これは前講に申した聖人、賢人、もっと広くいえば、菩薩の精神において流れているものであります。このような考えの一番はっきりしているのは、大般若経であり、その終りの方に「浄佛国土品」があります。この浄佛国土品を竜樹が解釋して浄佛国土はどうしたら出来るか、それは要するに身口意の三業を浄めることであるといっています。これが浄土ということです。観経にも浄業という言葉がありますが、浄土とは浄業であり、浄業のあるところ浄土ありということです。

般若経で、どうして三業をきよめることができれば、浄土ということができるかというと、「自他内外の因縁に依る」というてあります。自分と他人とが因縁をなしているのであって、いかに自力であるといっても、他人の世話にならずに自分の生活は成り立たないのです。内外とは、内なるものは身、外なるものは土ということで、その自他内外の因縁によって、ここに国土があるのでありますから、それを自己に収めてくれば、自分の身口意の三業を浄めること自体が、そのまゝ他を浄める事にもなり、土を浄めて行くことにもなるのであります。このように説いている般若経は、更にその例が面白いのです。例えば、我々の業が曲っていると道路も曲る、我々の心がゆがんでいると世界がゆがむ、と例挙していますが、これは案外に現実的であるように思います。立派な道路ができた、暫くするとどこか陥没する、そんな筈がないのだが、多分これを請負った人の心がゆがんでいたのであろうと。だから、自然の物理的因果と、人間の道徳的因果とは別なものだと思うけれども、別といえば別であるが、たとえば震災で多くの人が死んだ、それはみな先の世の業だというのは少し無理であって、地震はそれ自体依ってくるところがあるのであります。業ということをそういう具合に使うべきではないのです。だから事物の因果と、人間の道徳的因果とは別であるということも、決して忘れてはならぬことであります。

しかし、二つの因果が無関係であるということも、そう簡単にはいえません。もう少し政治を執る人々が、仕事を請負う人が、正直でありさえすれば、争いもなく、道が曲ったということもないのでしょう。こういうことをいおうとしているのが、竜樹菩薩の浄佛国土品の註釋の意味でありましょう。

二

これでもわかるように、大乗経典の浄土というものは、要するに一つの理想目であって、それを佛教の世間化といってもよい。本来が世間から離れてゆこうとした出世間の佛教が、世間をとり入れ、やがて世間化して行かなければ、大乗道というものは成立たないということが、大乗佛教の大きな問題であると思います。大乗経典のことを思いだすと、いつでもこの経を、国王、大臣に附属するという言葉が多くでてくるのであります。大乗精神であるから、普賢とか文珠とかいう方に附属するというのは当然でありましょうが、しかし、そもそも文珠、普賢というのは何者でありましょうか。文珠とは空理でありましょう。因縁所生法我説即是空という、縁起、空理に達するのが文珠でありましょう。その空は無所得だから、物にはとらえられぬ、とらえられぬその智慧をもって世間を観ずれば、世間出世間又空であり、そこに普賢があるのです。普く賢しで、賢きものは出世間の道人だけでなく、世間の生活も、文珠の智慧を得れば、皆普賢であるということでありましょうか。

ともあれ佛教の原始精神からいえば、余り女性に近づいてはならぬし、殊に国王などに交際をすることなどは避けよということであったのに、大乗経典では、女性を尊び、国王長者を尚んでおるところに、大乗精神というものはあるのでありましょう。

華厳経入法界品というものがあります。なかなかむつかしい経典でありますが、入法界品で善財童子が訪ねて歩く五十三の善知識というものを見ると、女性と長者とが非常に重要な位置におかれていることは、殊に注意すべきことであります。大乗精神の普及ということに関しては、女性と長者でなければ本当に普賢道というものは成立たないし、眞に浄佛国土ということはできないということでありましょう。何遍読んでみても、華厳経に出てくる女性は、余りに立派で、こんなに心も身体も美しい婦人があるのかという気がします。阿含の経典には、大蛇を見るとも女人を見るなというような言葉もどこかに出ていたように思うし、木の柱を抱いても女人を抱いてはならぬ、といったように、障りの多いものとしていると思いますが、華厳経にでてくる女性は、ただその姿を見ているだけで、自ら佛法に適うような女性であり、あまりにも綺麗であります。長者の方も又長者でなければ、本当に布施の行はできないのでありますから、長者は良いものですが、余りにも綺麗な長者ばかりでているのでありますす。しかし、浄佛国土ということからいうならば、美しい人ばかりで当然なことでありましょう。

しかし、その浄佛国土といって目指された浄土とは如何なるものでしょうか。それは、先程申したような、佛法の世間化ではないでしょうか。大乗の経典は勿論、佛教を世間化することにおいて、世間を佛教化してゆこうということに違いありません。しかし、事実は佛教の世間化にのみ終ってしまって、世間の佛教化は容易にできなかったというところに、大乗佛教に残された問題があるのでありましょう。

かように大乗経典で考えられた浄土は、あくまでもこの世を浄土にすることでなくてはならぬのです。この世の外に、別にあの世というように考えられた浄土ではないということは明らかであります。

維摩経に「直心は是れ菩薩の浄土なり。菩薩成佛の時、不諂の衆生十方より來生す」という言葉があります。これは直心すなわち至誠心、まことの心であり、それが菩薩の浄土であるというのであります。浄土というのは要するに菩薩精神であり、菩薩精神のほかに浄土はないのであります。だから菩薩成佛の時、諂らざる正直な衆生は、十方より來生すといってあります。來生といって往生の語を用いていないのは、単に〝あつまる〟という意味に解してよいでありましょう。だから、菩薩の浄佛国土の修行ができれば、そこへ正直な衆生が集ってきて、自ら浄土ができるのであります。かくして大乗精神界は、この世を浄土にするのであります。浄土へ行くのではなく、本來的な純粋な姿においては、娑婆即寂光浄土でありますから、娑婆の生活を浄化してゆけば、そこに浄土ができるのであります。どこまでも、成佛道を願う人の浄土は、この世的なものであるといってよいのであります。

三

ところが、凡夫に思慕されているところの往生浄土という浄土は、どう考えてもまず別な世界と考えなければならぬのでしょう。此の世界でなく他界であります。他界という言葉は佛教にないけれども、凡夫の感じからいえば、他界、別な世界であります。

それはだんだん追求してゆけば、超越した世界であり、あるいは、今日の言葉をもってすれば、高次の世界、次元の高い世界であります。

浄土からこの世を見ることはできるが、この世から浄土を直接に見ることはできません。清沢先生の言葉を用いれば、無限より見れば有限は無限の内にあり、有限より見れば無限は有限の外にある。先生の言葉もいろいろ練りなおさねばならぬ面がありますす。しかし大体これは動かぬところでありましょう。有限の智慧はいくら重ねてみても無限に達することはできません。外にある、ということは超越しているということでありましょう。無限は超越の世界であります。しかし、無限から見れば有限は無限の内にあり、浄土から見れば――浄土の視界に立って見れば、この世を見ることができる、ということになりましょうか。この有限無限の関係は、先述の高次性ということが如何なるものなるかということが、明らかにされた私共には、何ら疑うべき余地はないのです。柄にもない哲学じみたことをいうけれども、先生の言葉を出しましたから、それについていいますと、有限無限の関係について――「宗教哲学骸骨」

でもいっておられますが――その無限とは何んぞやということは、恐らく佛教では、直観的、感情的には解っていたのでありましょうが、理論的に解らせたのは、やはり西洋の哲学であるかも知れぬのです。有限と無限とはその意味において次元が異るのです。だから有限を如何に限りなくつみ重ねても、決して無限にはならない。兆の兆倍というようなことをいっても結局有限であります。日本国の何兆円という予算を一厘二厘と数えたら、一生涯かかっても数えつくせないだろうが、それでも有限は有限であり、数え得るものであります。しかし、無限は数えること不可能なものでありま す。あらゆる有限がいくら数え切れんものであっても、たとえ兆の兆倍というようなものであっても、それを有限なるものとして、それを包んでゆくものこそ、無限なるものであります。だから無限というものの立場と、有限というものの立場は、全然別なものであって、無限なるものの方からは有限なるものを包むことができるけれども、有限なるものは無限のほかにあるのであります。

数学者が無限を始めて見出したことは、大変なことであった訳でしょうが、その後で、無限とは何んぞやということがわかって來たら、今度は有限とは何んぞやということが、もう一つ問題となって來たんでしょう。これは面白いことです。無限とは何んぞや、と追求していたが、しからば有限とは何んぞや、有限とは無限と対応し、無限なるものを内に感じなければ有限でない。有限は無限を予想しなければ有限とはいえない。こういうことは、わからぬながら、そういうことを言った書物を読んで面白く感じました。何故かというと、宗祖聖人に「眞無量」という言葉があります。「眞無量を帰命せよ」というお言葉です。兆の兆倍というようなことは、無限といっても、偽無限であります。眞無限なるものは、あらゆる有限を包むものでなくてはならぬのです。宗祖聖人は和讃に「眞無量を帰命せよ」と眞の字をつけておられます。「阿弥陀」という言葉の意味は「眞無量」を意味するのであります。

それに対して、「有量の諸相ことごとく」とありまする御和讃の左訓に「ヨロヅノシユジヤウナリ」とありまするように、我等衆生のことを有量の諸相というのでありますす。いいかえれば「諸相において有量」であります。命も有量、身も有量、意識の働きも有量、何もかも有量であります。かくて如來と衆生との間柄は、如來から見れば、我等衆生は加來の智慧の内にあり、あるいは、慈悲の内におさめられ、みられているのでありますが、しかし、我等衆生の方からいえば、如來は全く超越したものでなくてはならないのです。しかし、その超越した眞無量なるものと、有量なる我々とが、帰依という働きによって、この二つの対応があるのであります。清沢先生は対応という言葉を使っておられますが、曽我先生は感応といっておられます。感応という方が、も一つよいでありましょう。感応——感によって応ずる——その働きがあってそこに阿弥陀佛と我等衆生との間柄を見出すことができるのであります。

かくして浄土とは何んぞやといいますると、此の世のほかにあり、超越する彼方にあり、と。また此の世とは何んぞや。浄土を場所とし、そして見られたる世界、浄土に心をおいて見られたる世界であるといってよいでしょう。いずれにしても、浄土は此の世を超えてあるものです。しかし、この浄土は此の世を超えてあるということと、此の世のほかにあるということとは、同じようであろうか。清沢先生は、無限は有限のほかにあるといわれたのであるから、ほかにあるということと、超えてあるということと同じでありましょうか。それともこの世のほかにある、あるいは、他界という言葉の感覚と、超えてあるという言葉の感覚とが、そうはっきりしないところに、そこに何かあるのではないでしょうか。

とにかく、私達は今日では超越の世界であるということを強調いたします。これは浄土論に「勝過三界道」とあり、曇鸞大師のご註釋をみても、確かに超越する世界でありますｏ欲界でも、色界でも、無色界でもない、そういう世界を超えてある超越の世界であるということです。しかし、我等凡夫が浄土を願う時の、きわめて素朴な感じとしては、他界でありましょう。浄土教が知識人に容れられるかどうか、という問題もここにあるのでしょう。超越の世界であるというならば、中にはそんなものはないという人もあるかも知れぬが、本当の知識人ならば否といえないでしょう。超越の世界があり、阿弥陀という眞無量のものがあって、はじめて有量が意味をもつのでしょう。浄土があって、はじめてこの世のあり方がわかるのだというふうに、超越の世界に対して、今日の知識人も否とはいわぬと思います。

四

しかし、浄土教に説いてあるところは、浄土は他界であります。もう一つ、別な善い世界であるというふうに説いてあるように感ぜられます。浄土へ行ってみたが、余り結構で、終いには退屈してしまって、やはり娑婆へ帰りたくなった、などという野次のような批評の出るのは、結局、他界と考えられているからであります。他界というものは同じ次元にあるようであります。しかるに、同じ次元の世界を凡夫は求めているのではないのです。我等凡夫の願う浄土は、他界のようでもあるし、又超越界のようでもある。どちらかわからぬが、とにかく此の世的でないものを、我々凡夫が求めているということだけはいえると思います。

そういうことを明らかにするのは、恐らく、観無量寿経でありましょう。東本願寺は「現代の聖典」というようなことで観経の序分をしきりに用いられているが、あれもいろいろ考えさせられるが、とにかく、観経における浄土は一体他界なのか、超越界なのか。その点で観経のよさ、凡夫らしい聖典であることを思うのであります。観経は韋提希夫人を主として説いてある経典であるが、韋提希の身の上を考えると、いろいろなことが考えられます。第一に女であることです。このことは浄土教を理解する上には忘れてならないことであります。どちらかというと聖道門は男性的であるとすれば、浄土門は女性的であります。第二に韋提希は夫人である。而も王者の夫人である。この第一の女性である点について申しますると、もし男性と女性という名目を考えてみると、これはかつて御遠忌記念講演にも話したが、男性の主とするところは行動であろうと思います。何を為すか、どういうことをしでかすか、というところに男性の男性たる所以があります。女性はこれに対して生活にあるといってよいでしょう。女性はどういうことをするかというより、どんな生活をするかにあるのでしょう。台所仕事も行動であるし、庭掃除も行動であろうが、しかしあれは人間の行動といっては少々仰々しい。やはり台所仕事、掃除などをしてゆくところには、女性的生活というものがあるというべきでしょう。だから、生活佛教とでもいうか、日常生活の上に行こうとするところに浄土教というものがあり、そして何をしでかすかという所に聖道佛教があるのだといってもよかろうと思うのです。

第二の夫人であるという点については、これは良きにも従い、悪しきにも従うという、そのような運命の下に置かれているのが夫人ではないでしょうか、私は近頃、賢夫人と良妻とを区別しているのでありますが、世の中には近頃賢夫人は増えてきました。賢夫人とは夫を教え、指導する賢女であります。良妻は愚妻で、結構良きにも従い悪しきにも従い、そしてこれが韋提希夫人の立場であったと思うのです。だから仙人がいて、三年たつと我児が生まれると告げられたが、待ち遠いからはやくと頼んでみて、否といったら殺そうではないか、と王にいわれた時「あなたそういうことをしてはいけません」位は仰言ったかも知れぬが、どうも敢て意見する賢夫人ぶりは出ておらない。ハイハイと言った次第でしょう。又、占ってみたら、「どうもこの王子はお生まれになってもあなた方の為にならぬ」といわれると、それでは塔から生み落そうと王にいわれ、「いや、子をそんなことはできませぬ」と敢て諫止してはおられない。何か夫の考えをまげないで、ついていくのみというところに韋提希は賢夫人ではない。しかしこういう賢でない振舞で夫が助かるのか、或いは賢夫人によって夫が救われるのか、それは問題でしょう。近頃は賢夫人だけの世の中になったんだから、これは婦人の方々にも考えて貰いたいことであります。

ところで韋提希は単なる夫人でなく王妃であった。そこに一つの誇りがあったと考えねばならぬものがあります。流石に賢夫人ではなくても、気位というものがあったと考えてもよいのでないか。も一つ大事なことは母であったということです。これは重要なことです。たとえ、夫に対しては良妻であることができない女性でも、我子に対しては、子と運命を共にするというのが母性愛でありまして、子供の責任を全部荷負うて、子が罪を犯せば自分が悪かったのだと考える、それが母であります。その母であったということが、夫を牢に入れ、自分をも殺さんとした、その我子の行末を韋提希に案じさせている。父にそむくような我子はどうなってゆくのか、罰当り奴、どうでもなれ、とはいわずに、わが子の行末が案じられるという韋提希であったことを念頭におかねばならないのであります。

更にもう一つ申さねばならぬのは、一応は御信者であったということです。韋提希は頻婆娑羅王と一緒に霊鷲山に通い説法を聞かれた。霊鷲山の麓には、韋提希と王の通われた道に馬車から降りられた場所が残っていたと、西域記か何かに載っていますが、それは伝説であるとしても、ともかく、多くの経典を聞かれたのです。あるいは大無量寿経を聞かれたと考えて差支えないでしょう。その御信者が迷うた、そして救いを求められた、そこへ來られたお釋迦様はどういうお釋迦様であろうか。観経を読んで屢々思うのですが、この場合に何故に釋尊は、お前は平生佛法を聞いておりながら、今頃になって何をうろたえるか、人間の人情なんてこんなものだ。朝に親んで夕に背くという、怨親常ならざることが凡夫の世界というものだ。今更驚くとは平生何を聴聞していたのか、と仰言ってもよさそうなものなのです。あるいは、これが世の中なんだから、もう世の中を見棄てて、頭を剃って尼になったらどうか、と何故いわれなかったのでしょうか。釋尊は女性が何か訴えるのを見ると大てい頭を剃らされたのだから、韋提希夫人の場合に、何故尼になれといわれなかったのかと考えると、愛し子故に迷う親心で、釋尊も迷われたと思われます。迷える佛陀というものもあるんだ、と思いたいのであります。佛陀が迷うということがあるかということは言葉の上において確かに矛盾ですから、こゝは間違いのないように受取って貰いたいのですが、迷える佛ということは、迷いを了解せられたということであり、迷っている人の心がよく解ってみれば、自分もまた迷わずにおれないというのが、それが「無縁の慈悲」というものでありましょう。

大事な処で似つかぬ話かも知れませんが、吉川英治の「宮本武蔵」の中にお通という女性がでてくる。このお通に沢庵禅師が、お前いくら武蔵の後を追っても、彼は剣道一筋で、お前のことなど考えていないのだから、お前も武蔵を忘れて、自分の道を見つけてはどうか、というています。するとお通は「私は沢庵様のお心が解らない。沢庵さんには私の心は解らない」とこたえています。大変に面白いことだと思いますね。確かに沢庵が説き伏せようとする、その出離の一大事は、生死を超えるということこそ、大事なことであるんだが、その説くところをお通はわかりません。沢庵もまたお通の心は解らんのです。もしお釋迦さまが韋提希夫人に、さあこの際だから出家せよ、と仰言るならば、お釋迦さまと雖も、韋提希の心は解らぬといってよいでしょう。同時に韋提希にも釋尊の心はわからぬということになったでしょう。

五

しかし、観無量寿経のお釋迦さまは韋提希の心が解られたのでしょう。韋提希の迷いが解るが故に、出家せよといえない。その迷いの心が解ったということはそもそも何でありましょうか。そこで聖道―成佛の道―を説かないで往生浄土の道というものが説かれてあるのです。それが観経というものであります。ところで観経は、序分はよく解るのに、肝心な本分は定善とか散善とか、いろいろなことがいってあって一寸わかりにくいのです。善導大師も相当に苦労されたのでしょう。宗祖聖人も、何かというと序分がでてきます。「然れば則ち浄邦縁熟して調達闍世をして逆害を興ぜしめ、浄業機彰れて、釋迦韋提をして安養を選ばしめたまへり」と序分のこころは出てくるが、定善とか散善とかいうものは何であるかということはでてこない。しかし観無量寿経であって、観は想であります。想観という言葉が観経に屢々でますが、想い観る、ゆめみる世界、韋提希夫人の如き悩みの内にあるもの、凡夫の夢みる世界、想像する世界、こういうようなものとして浄土が説かれてあるのであります。

浄土とは凡夫の夢見る世界であるということに何か意味があるのでないでしょうか。

長い間こういうことを思っていたのですが近頃案外なところに、想像とかイメージとかが人間生活において、どれだけ重要なことであるかということを案外なところで知らしてもらいました。それは科学の一つ、而も自然科学です。素粒子だの、原子力がどうのと、ああいう科学者が、とにかく科学は知識だけでは駄目で、イマジネーションが大事だという。本当の科学の世界において、万物のあり方を明らかにしようとするならば、それは知識で摑むというより、イメージで探るということが、もっと重要であり、そのイメージのみが、別の次元に入りこむ、知識はいくら重ねても別な次元には入れぬ、別な次元の中に首を出すのはイメージだけだといっているのです。我々からいえば、自然科学などは、別の世界だの、超越の世界だのは考えないように思うけれども、物極まれば通ずですか、面白いことをいうと思います。だから、だんだん宇宙を研究してみると、無から有を生ずるということも承認しなければならなくなります。我々の知っている宇宙はプラスの宇宙であるが、マイナスの宇宙というものがなくてはならない、というようなことをいって、別な次元に入らなければ、本当のことはわからないといっています。このようなことを、むしろ科学者がいうことは非常に面白いことと思うているのです。

そうすると夢みる世界というものがあり、我等ははっきりと、うつつの眼でみることはできないが、ほのかにゆめみなければならない。うつつの悩みを救うのは夢であり、夢のみが浄土を想像するんです。想像で結構です。その想像する世界を思慕し、欣求してゆくところに凡夫心というものがあるんでしょう。聖者や賢人には、こういう想像というものは重んじられないのです。聖道門の人は学者であるから、想像の世界というようなものは軽んずるんでしょうが、しかし、想像の世界でなければ救われないというところに、凡夫ごころというものがあるのでないのでしょうか。

一体死んだ人は無くなったのだと、形式的には思うことはできます。断定してもよいでしょう。しかし、凡夫ごころとしては、死んだものは無くなったのだと思うことができますでしょうか。どこかにおるんだと、想い出すと、想い出の内にあらわれてくるでしょう。その想い出の世界というものを探ってゆこうというところに、そこに観無量寿経の、善導大師が苦労して解釋された、定善観とか散善観とかの意味があるのであります。とにかくお経の名前が「想観経」であることによって、知識の及ばないところの、他界であるが如くにして、実はそれを手がかりとして、超越の世界に向っているのであります。想観であり、想像であるのだから、想像なら、想像の彼方にあるものが無くては想像はできない。いくら想像しても想像の及ばないところに、そこに想像の意義があるのです。それを想像でとどめてしまえば、たゞ方便化身でしょう。それは人間の想像によって、その想像からあらわれた佛なるが故に、想像でとめてしまえば方便化身であります。しかし想像は、想像に止まることを許さないのが想像であって、それはすなわち、想像の彼方なるものがあって、はじめて想像が成立つのであります。想像の彼方なるものが超越の世界であります。だから別の世界、他界を願うような心を機縁として、超越の世界へと向うのです。―想像である限り、まだ凡夫ごころであるというかも知れないが―しかし想像するということは想像を超える世界があるということを意味していることにおいて、それが即ち超越の世界へと向うものであり、想像を媒介としてわれわれは超越の世界へ入るのでありましょう。こういうところに観経の意義があるのでなかろうかと思うのです。

このように、浄土のありかたはあくまで超越の世界であって、この世を浄土にするのだとか、本來この世は浄土であるとかいうことでなくして、想像を通して、より高き次元の世界、すなわち超越の世界というものを見るのであります。それより他に我々が浄土を受取る道はないのではないでしょうか。そうすれば、曇鸞大師の論註を読んでも、あるいは教行信証を読んでみても、観経を媒介して、大無量寿経の世界に入るということがわかるのであります。そこで、どうして凡夫にとって、浄土がそれほど思慕されるものであるかというところに、眞宗の人間観があるのでしょうかね。

五

先程いい残したことをこゝでいいそえるのですが、法然上人が聖道門をすてて浄土門に帰入せられたということは、成佛の望みをすてて、往生一つを願うところに佛法を認められたのであると了解できぬものでしょうか。

往生は易く、成佛は難しということで、往生してから修行して成佛するのだというような気持が、法然上人のどこかにあったかも知れぬが、それは、いわゆる歴史的の視野においてはそういうことが残っているには違いないが、しかし法然上人がそういうことをいわれたその心を探ってみると、結局は成佛よりは往生、成佛を断念したところに往生を願われたのであるといってよいのでしょう。

それをある意味で思いあわすものに二種深信があります。「一つには決定して深く自身は現に是れ罪悪生死の凡夫、曠劫より己來、常に没し常に流転して、出離之縁あることなし」と、こゝでいう無有出離之縁ということが成佛道でありましょう。だから機の深信は、成佛に対する断念であります。成佛は見込がない、なにしろ無有出離之縁であるからと、どうして無有出離之縁であるかというと、曠劫己來常没常流転するからであります。それは何故かというと、現に罪悪生死の凡夫であるからでありま す。現実の事実はどうすることもできないのです。問題はいつでも「いま現に」である。いま現にこゝにあるものは、煩悩具足の凡夫であり、罪悪生死の凡夫でありま す。曠劫己來常没常流転の身、そうならしめられたものであり、従って無有出離です。成佛は断念しなければならぬ人間なのであります。その人間が「二つには彼の阿弥陀佛の四十八願は衆生を攝受して、疑無く、慮りなく彼の願力に乗じて定んで往生することを得」るのであります。ここに衆生がでてくるのです。

要するに、機の深信は個人の問題であります。自分自身の問題であります。自分自身の問題として考える時は出離之縁がないのであります。けれどもその出離之縁の無いものにも、助かる道があるとするならば、衆生を攝受する道なのです。生きとし生けるものが皆救われるのであります。大悲の本願の上には一人も洩らすことがない。皆本願の浄土に生まれさせたいというのが、佛の本願というものであります。それは一体どういうことであるかといえば、本願が衆生を理解したのでありましょう。迷える衆生はどういうものかを本当にわかっておるところに本願があります。だから本願の方には疑心があるとはいわずに「彼の阿弥陀佛の本願は衆生を攝受して疑いなく」であります。この一切衆生とは私にとって何であるか。こゝに生死解脱という個人の問題の中に人間関係というものがあり、その人間関係が、成佛よりも往生を思わせるのであります。大体いくら考えてみても助かるのは自分であります。皆を助けたいといったところで、助けられるかどうかわからないのです。要するに皆を救うなどということは自分の力ではできないのです。唯、佛の本願が、すべての衆生を救うのであります。

その衆生すべてが救われたということが、どうして凡夫の喜びとなるのでしょうか。現実には愛と憎しみしかなく、同性相競い、異性相愛す。人間のあり方は、分りにくいものでありますが、大体わかることは、男女の間に愛欲があらわれ、同性の間に競いがあり、そこに我はよし汝は悪しの怒り、そねみがでてきます。恐り憎しみのとれないのが煩悩であります。煩悩具足とは、怒りと欲の心がとれないことです。それがやがて即ち罪悪であるが、しかしそんな我々がどうして佛の本願がわかるのでありましょうか。何ら取柄のない私が、大悲の本願一つで救われるというのでありますが、小さい時から聴いていると、それで結構なので、有難いんです。それはそれでよいがしかし、どうして煩悩具足の我々が如來の本願を聞かして頂いて涙を流すのであろうかなあ、どうしてわかるのだろうかな。そこには、煩悩というものの性格が、何かわかってもらいたいものがあります。沢庵にもお通のこゝろにも、わかってもらいたいものがあるんです。このわかってもらうということは、なるほど煩悩興盛止むを得んなあということで、それが慈悲、悲しみでありましょう。

一体我々は煩悩具足の凡夫であることを何故悲しまねばならぬのか。煩悩を肯定してもよいではないか。人間に欲の心がなくなったらおしまいであり、腹立つことが消滅したら人間の仕事はなくなるではないか、ともいえるんです。しかるに、何故に凡夫と悲しまねばならないのでしょう。悲しみとは何か、ということになると、何かそこに煩悩というもののうちにわかるという、少くとも佛の心には何故に衆生は煩悩を起すのかな、しかしそれもご尤もじゃというお心があるということであります。けれども悲しいということは「それも尤もじゃなあ、けれども宜うはないのだ」というふうなものが、煩悩の性格の上にあるのではないでしょうか。

六

あまりいってみたこともないのですが、煩悩というものが、凡夫の佛性であり、悉有佛性ということは佛の心からいえることであるということであります。従って——

「罪障功徳の体となる

こほりとみづのごとくにて

こほりおほきにみづおほし

さはりおほきに徳おほし」

また

「無碍光の利益より

威徳広大の信をえて

かならず煩悩のこほりとけ

すなわち菩提のみづとなる」

といわれてあります。そうすると、煩悩は氷であって菩提は水であります。逆にいえば、煩悩は氷れる菩提であります。だから現実的にいえば我々の煩悩には、裏側から申せば確かに道徳的なものがあるように思います。あれではすまぬ。これではすまぬ。あれではあちらに対して義理がすまないとか、あるいはそれではどうもけしからんとかいっているところに、人間の間柄というものがあるのではないでしょうか。

清沢先生は「我が信念」の終りの方に義務ということをいって、義務を並べてあります。

社会に対する義務、国家・親・子・善人・悪人・老人・少年各々に対する義務。ああいうふうにみると、四方八方義務だらけであって、その義務をみな自分の責任において荷負わねばならぬとすれば、身動き一つできなくなる。そうなった時に、一切を佛におまかせして、一切の責任を佛に負うて頂いて、他力の明るい生活を送るのだといっておられます。いかにもすっきりとした、哲学の畑から出られた先生の言葉らしいのです。しかし、私共はそういう言葉を使わないが、前述のすむとかすまぬとかいうているのが、難しい言葉を使えば義務ということになるんでしょう。そうすると、煩悩とは氷った道徳なのでありましょう。氷っている道徳であるから、これはどうにも仕方がないのです。

「弥陀智願の広海に
凡夫善悪の心水も
帰入しぬればすなはちに
大悲心とぞ転ずなる」

涅槃のさとりに行くのであり、必ず煩悩の氷とけて、菩提の水となさしめるものが、本願の不思議であり、名号の不思議であります。大悲の本願のお心を知らして頂けば、そこに煩悩の氷がとけて菩提の水となるのである、という働きが、氷れる菩提としての煩悩があればこそ、これを了解しておってくださるのが如來のご本願でありま す。大悲の本願というのは、この凡夫ごころを了解し、凡夫の立場に立って凡夫往生せずんば我も佛にならないということであったのです。こうなってきた時に、凡夫に非ずんば了解のできないものが、如來大悲の本願というものであったのではないでしょうか。

こういたしますと、凡夫にとっては、往生こそ願わしいことでありります。此の世においては、愛とか憎しみとかいって氷っていますが、本願を信じ念佛を申させて頂けば、それが解けて、浄土においては一如平等の大涅槃の境地に入らせて頂くのでありま す。有難いことであるなというこころ、その心が飜って、我々は浄土へ参らせて頂く身であるということになってくれば、お互いの間にも自ら助けあわねばならぬ世界におりながら、害い合って相すみませんなあということにもなりましょう。害い合っておったと思っていたことが、案外にも助けあっておることになっていたり、有難いことでありましたなあと。有難いという心持も、すみませぬという心持も、浄土を願うという―往生させて頂く身であるということにおいてのみあるのです。それが凡夫らしいものでないでしょうか。

だから、極端に申しますと、これは私のひそかなこころですが、往生さえさせて頂けば、成佛はどうでもよいといってもよい。往生さえすれば成佛しますからというのが私のいつわらない心であります。これは私だけの気持ではなく、教行信証はそうなっているのではないでしょうか。

往生即成佛であって、成佛のための往生ではなくて、往生するというところに成佛があるのでして、往生をほかにして成佛ということは考えられないのであります。

こゝに往生ということの意義があって、それが別の世界であるということをたよりとしつつ、実はより高い超越の世界、必ず超越してそこへ行くことができるという、こゝに浄土のありかがあるのであります。

ですから、この世のほかに浄土はないのだという考え方は、現代の知識人のみならず、いわゆる聖道門の教えであって、テレビ、ラジオ等を聞くと聖道の大家たちが皆いっておられます。「この世のほかに浄土などない、大乗佛教はこの世を浄土にすることだ」と。いかにもごもっともであって、否とはいえないのです。聖賢らしい、選ばれたる人、誇りをもっている人はそうであるかも知れません。しかし一歩も煩悩から離れることができぬのが、この世に生をうけた我々人間であります。かかる煩悩具足の人間の救われる道は、たゞ往生一つ、それは如來の本願一つであります。

「安楽佛国に生ずるは
畢竟成佛の道路にて
無上の方便なりければ
諸佛浄土をすゝめけり」

とあります。宗祖にも、畢竟成佛の道路とありますから、往生を通して成佛するのだというふうにもいっておられるわけでありますが、しかしながら

「七宝講堂道場樹
方便化身の浄土なり
十方來生きはもなし
講堂道場礼すべし」

といって、浄土へ行って修行して證りをひらくというようなことは、方便化身の浄土であるとされています。そうなると、ものは顚倒して、聖者の願わるる浄土はむしろ方便であって、眞実の報土は往生即成佛、往生のほかに成佛を求めないというところに、先述の第十八願の心もあり、二種因果の心もあるのであろうかと思うのでありまず。

浄土眞宗の人は自分のことだけ考えて、社会のことを考えないと、よくいわれるのでありますが、私はそうでないように思います。社会のことも、自分のこととして考えるのだということがいえると思います。むしろ、社会の問題を社会の問題として解こうとしないで、社会の問題を自分の問題とすると、自分だけ救われて世の中の人が救われないなどという教えに我々は親しむことはできないのです。皆の救われる道―この意味において、愛したり憎んだりして、助け合っているのか、害し合っているのかわからない、その人間が如來の大悲の本願によって、浄土という一つの超越した世界を目指して參らせて頂くのであるという―往生浄土の教えのみが、凡夫の道として開かれたものであるのでしょう。

その意味において浄土の超越性、感覚の上には他界としてうつることはさけ難いでしょうが、他界として想像された、そのイメージを超えた超越の世界それが浄土であります。「必ず超絶して去ることを得べし」「断というは六種四生の因亡じ果滅して」とある。断・断ち切って浄土へ行くのであるという、こういう超越の世界であることが、浄土のありかであると思います。法然上人の教えを通し、それを人生観内容としての人間像—もちつもたれつの世界は、どうしたところで、皆のたすかる法でなければ、自分が救われないのであるという—その道は、成佛道でなくて往生一つであると、そこに往生道の普遍性が明らかにされたのであります。

しからば往生とはなにか。死んでから後ともいわれているが、その死後とは何かという問題が残るのであります。それは次章の第三の題目「往生の心」ということで領解を述べたいと思います。

第三講

一

第三講として「往生のこころ」についてお話したいと思っています。このことを二方面から考えてみたいと思っています。

その一つは消極的な面、あるいは來世拒否の立場とでもいいましょうか、來世というものを拒むという面から往生を考えてみたいと思います。

來世を拒むという考えにもいろいろありまして、まず第一に考えられることは、釋尊のお気持であります。原始佛教というものは、今日研究者も多いのですが、どこまでが釋尊の直説であるかということも甚だむづかしいことです。ただ私共が、これが原始的なものであるといわれている阿含経等を読んでみますと、とにかく釋尊の思想においては、生死解脱の法というのが大切なことでありまして、それを求めて修行すれば、今生において涅槃に入ることができるし、涅槃は寂滅であって、ある意味においては死と考えてもよいでしょう。死は暗く感じられているんですが、その暗い死を逆に明るく希望的に感じる寂滅涅槃という言葉が—印度全体でもそうでしょうが—原始佛教聖典の上においては非常に親しみの多い言葉であったのでしょう。佛弟子達が修行して、なすべきことはなし、行ずべきは行じて、また後の有を受けずという言葉があります。後の有は後の存在、即ち後の世であります。もうこれで後の世を受けるということがなくなりたいということが釋尊のお心であったように思われます。だから、後生というものはないということではなかったのでありましょう。後の世はあっても、それは迷いの連続にすぎないのであります。あるいはよいことをしたものは天上界に生まれるとかいうようなことも—釋尊が説かれたかどうかわかりませぬが—善因善果、悪因悪果といってみても結局迷いの続きにしか過ぎないのです。後の世というものがあっても、それはさとりの道ではなく、有難くないものであります。だから後の世もまよいをしつづけることになるのでありますから、願うべきものではないというのが釋尊のお説のように思われます。だからそれは後の世の存在を認めないわけではないんですが、それを拒んで受けないというところに佛法があるのでありま す。このお考えが、ずっと親鸞聖人の上にまで確かに見ることができるのでありま す。

信の巻に、横超断四流の解釋があります。信巻の末巻は成就の文のご解釋にほかならぬということができますが、「聞其名号信心歓喜」の心を説かれたのが、最初の「一念というは斯れ信楽開発の時剋之極促を顕し、広大難思の慶心を彰す」というところから、「現生十種の益」を並べられたあの辺までは、大体「聞其名号信心歓喜」のお心でしょう。そして「即得往生」という言葉の解釋が「横超断四流」であり、「住不退転」という言葉の説明が「眞の佛弟子」章であります。そして「唯除五逆誹謗正法」の解釋が阿闍世王の物語になっています。

その横超断四流の横超が往生でしょう。往生は横超でなくてはならぬのです。とにかく人生を通過して、横に超えてゆかねばならぬのです。聖道門的に竪に出たり、超えたりするのではなくて、横の道、それがすなわち人生経験の道でありますが、それを通りながら、超えてゆく、その超えたる世界、それが即ち往生ということなのであり、これが願生彼国即得往生であります。願生心、すなわち、即得往生であると成就の文でははっきりそう読めるのでありまするが、何故か親鸞聖人は、即得往生の「即というは定まることとなり」といっておられるのであります。即得往生というは往生定まるということであると、その定まるということの一面は横超であり、その横超は断であります。断とは「六趣四生の因亡じ果滅す。かるがゆえに断という」六趣四生の因亡じ果滅すとは、もはや生まれるところがない。生としてまさに受くべき生なし。趣としてまたいたるべき趣なし。生まれるだの、おもむくだのいうことのないのが断四流であります。浄土へ生まれるということは、生といえども実は無生であって、無生なるがゆえに、生まれるだのおもむくだののないのが横超ということでありま す。こういうことでありますから、どこか一脈、後の有を受けぬといわれた釋尊のお心に通ずるものがあるということができるのであります。たゞ原始の教えにおいて、來世を拒否した心をうけながら、その断四流の彼方に横超の世界をみておられたのであるということにおいて、消極的な裏になにか往生浄土の心というものが感じられたにちがいないということを、認めなければならないのであります。

二

これに対して第二に考えられますことは、昔からでもあるが、殊に現代人によっての、來世などというものはない、未來の世界などないという考えであります。これは、有ることを認めて拒否するのではなくて、始めから無いときめているのであります。その考え方に共通なものは來世というものは時間続きのものであると、考えられていることであります。

一体時間というものほど、解りにくいものはないのですが、我々が過去、現在、未來といっている三世というものも、たゞ一筋の線であって、これまでは過去、これまでは現在、これからは未來というようなものではないのであります。三世は三つの部屋、過去の部屋から現在の部屋へきて、更に未來の部屋へ行くというようなものではないのであります。そんなことはもう印度の昔から論じられていたことであります。

しかし、そのように空間化して、過去から現在、未來へという考えをもってすると、昨日あり、明日ありということは考えられるけれども、人間の生涯に先立つ「先の世」というものがあったり、「後の世」があったりということになると、それは昔の未開未知の人間が考えることであって、知識のすすんだ今日では考えることができないということであります。しかし未來なるものにも、たしかに右のような未來の考えがありますが、また別にいわゆる超越的未來というものがあるのであります。

超越的未來とは、例えていえば、無限と有限というのと同じで、有限なるものは、いかに数えてみても、兆の兆倍といってみても、有限は有限であるんです。しかるに、無限の世界は全くそれを超えて、有限を包んでいるものでなくてはならないということを、時間の上で申せば、永遠なる未來は、決して我々が簡単に考えるような、三つの部屋の如きものではないんです。超越的未來というものが考えられない限り

―本当に時間のうちにあるものも時間を超えてあるものが我々に願われておらない限りは―了解することができないのであります。このことはやがて、現代の知識人と雖も、思い知らなければならぬ時がくるに違いないと思うのです。それに気がつかない限りは、恐らく本当に、人間の世界に幸せはこないであろうし、人間の理想では―理想理想というが―平和のために斗わねばならぬなどということをいいだします。平和のために斗わざるべからずという言葉の矛盾は、今の人は平気で使っているが、私達のように、前の戦争のような長い経験をもつ者は、その頃も平和のために戦わざるべからずと、いやな程聞かされたのであります。逆に考えますと、戦うためには平和をなくするべからずということにもなっているようであります。

とにかく戦わねばならぬ、戦うためには、たゞ戦うわけにはゆかぬから、平和の名において戦わざるべからずと、こんなことになっているようであります。そういう人は皆、未來を夢みています。今日はどうなろうが、未來があると。――

未來学というのがはやっていますが―私にはよくわかりませんが―要するに未來学というのは、何か時間続きの上において、今日はこうだが明日はこうだろうと未來を考えています。そういう未來を考えている限りは、本当によい世界などくる筈はないのではないでしょうか。だから、平和を願うものは、まず平和のこころでなくてはならぬのですし、また平和な方法でないと平和の願いを達することはできないはずでありますす。そういうことも、平和は願いである限りは未來であろうが、その未來は、私達がこう思うというような時間的な未來を包んで、永遠なるもの、未來永遠という言葉があるが、未來という言葉を介して、永遠なるものを想うということにならなければならないのでありましょう。

それでなければ知識、知識といっても、知識そのものが救われないのではないかと考えられるのであります。

三

第三に申してみたいことは、特に清沢先生に教えられた私達が、先生はしきりに、現在安住ということをいわれました。どこであったか、來世のことは私は未だ経験していないから知らない、わからないといっておられます。先生の仰言るお気持はわかっているから、そうでありますか、と申しあげるよりほかありませんが、たゞそこで念を押しておきたいことは、その現在安住とはどんなことであり、あるいはまた、経験とはどんなことであろうかということであります。

後の世を求むる心があって、それによって始めて、現在安住ができると、私達はそういうように思っていますが、しかし、経験しないからわからんと仰言る、その場合には、経験とは何であろうかを、問題にしてみたいのであります。これは後でもう一度考えてみましょう。

先生のことを言出したのは、先生の書物を読みますと、何か、冷やかに、冷静に、理性的にものを考えておられるようであります。それで私達が読んで、もう一つもの足りないという感じがするのでありますが、曽我先生のお話を聞くと、清沢先生は非常に冷静なようにみえるけれども、実は非常に感情的な人であったといわれます。そういわれるとわかります。つまり、感情が高ければ、冷静にする必要があるのでありま す。

感情というものは血液であります。人間の知識は頭にあり、意志は腹に、感情は胸にありといわれております。胸に手をあてて考えるということは、それをいったのではないでしょうか。このように知情意の宿る場所を頭胸腹ということができますが、もう一ついえば感情は血であり、血の製造元は胸でありますから、胸に手をあてて考えるといったのかも知れませんが、もう一ついうなら、それは血液であります。感情とは血の感覚であります。そういえば近頃の学問では、血液型をいうに、A型、B型とかいいますが、実際は全部の人の血液型が異なるというのが本当であると、ある医者が話をしてくださいました。

その血の上に個性もあります。その感情が高ぶれば高血圧であり、なければ低血圧であります。私などは、何かと冷い人間であるといわれたこともあるし、自分にもそう思ったこともあるのです。冷い人間は暖める必要があり、熱い人間は冷ます必要があります。あるいは、清沢先生のように、熱情があるために、それだけ冷ややかにものをいうということに苦労されたのであるかも知れません。

そういえば、あの「我が信念」にも、有難いという感激は確かに純粋な感情であって、感情を純化したものに違いないのであります。しかし、感情のとぼしいものは、も少し感情がほしい。そしてそれによって暖められたいと思うのでしょう。確かに感情が豊かで、純粋であれかしとねがう私にとりましては、やはり宗教の世界は感情の世界であるということを思わせられるのであります。

ついー週間前でありましたが、文部省で天野貞祐博士を介して、宗教的情操教育という案ができるということで、皆が期待しておられるということであります。私も待っている一人であります。しかし、宗教的情操の涵養というようなことは、明治時代から一度も二度もいわれたことがありますが、何時でもでてくるのは、一宗一派に偏してはならぬということであります。それに対して一宗一派をもっている人は、一宗一派でなくて、どうして宗教的教育ができるか、という反対がでてくるのであります。私はどちらかというと、一宗一派に偏すると困るという気持もわかるように思います。何となれば、最も大事なのは、宗教的情操ということです。情操とは感情の操でありります。感情に操を持つということが情操であります。情操という言葉の中には芸術も入ってくるのかも知れませぬが、情緒とか情感という言葉がありますが、そういった意味の感情教育、あるいは情緒の教育を名づけて、情操教育というんでしょう。情操は感情の操でありますから、情操の文字を用いたら宗教的という字はいらないんじゃないかと思うんです。情操教育ということを本当にしようとすれば、私たちには眞宗の教え、本願を信じ、念佛を申すということが、それが情操を昂揚することであります。一宗一派に偏して差支えないのでありますが、しかし、一宗一派に偏することになれば、その情操の教育ができるのでありましょうか。眞宗に任せておきなさい、情操教育ができますからというところまで宗門の人に自信がもてるのでありましょうか。一宗一派に偏するのであれば、各々が情操よりも、依然として知識―宗義学―をふりかざすのではないでしょうか。知識でない、知識でないといいながら、宗義学にとどこおっているのではないでしょうか。だから私は、宗教的情操教育ということをいう人に対して、情操ですよ、と念を押したいんです。宗教とはこういうものですよということはもう聞きたくはないのです。沢山書物を読んで知っていますから。たゞ、それを読んで、なるほどそうであるかとうなづくような本であれかしと思うのであります。天野さんの本が出たらば、どうか開いてみて、お念佛のでるような本であってほしいと待っております。

とにかく私は、眞宗の教えを情操教育として頂きます。南無阿弥陀佛は敬虔感情であります。おそれうやまうところの感情であります。その敬虔感情において、如來の本願を聞かして頂くのであります。

教行信証を読んでみても、そこに流れているのは、如來の眞実であり、如來のまことごころであります。まことごころは理論でない本当の情操、清浄眞実の心、それが情操というものでないでしょうか。そう思うと、その情操を与えるものが、冷たきものに暖かみを与え、熱情に走るものに冷静なる智慧を与えるというものであれかしと思うのであります。

この意味において、清沢先生の冷やかに説かれるところにも、あふるる感情があり、その情操において有難いということを仰言るのでありましょう。こう思いますると、曽我先生のお言葉を介して、何か近づきにいくような感じもする清沢先生の表現にも何かわかるような感じもするのであります。

四

さてそういうふうなことを念頭において、今度は翻って、積極的に浄土を思慕する立場にたってみます。この場合、ことに、思慕するといってみたいのです。あるいは宗学的に申しますと、「欣慕」という言葉にも少しく親しんでゆかねばならぬのですが、どこかで私のこころにしみ込んだ「思慕」という言葉を許していただきましょう。

浄土を思慕する、それは浄土に憧れ、憧憬し、浄土を慕うことですが、この思慕する心持が我々にあるのです。その場合には後の世という言葉が一つのひびきをもっているのです。後の世のために、次の世のためにと、梵語の辞書にも次の世のためにという言葉があるから、きっと印度の人々も、次の世という言葉にある親しみを覚えていたにちがいないと思うのであります。

思い出すことは、木津無庵氏が、佛教聖典を編纂しました。それは外国に行ってみると、停車場にも、旅館にもバイブルがある。佛教の聖典もあの通りに至るところにあるというようにせねばならぬ、ということを思いついて、佛教聖典を編輯されたのです。十何人もの大勢でかかって、相談して、最後は山辺習学、赤沼智善の二人の先生でやってくださったのでありますが、そのできたのを、また大勢よって、どうとかこうとかいったものです。その一番最初に次のような箇所がありました。

「釋尊むかしスメーダという名前で修行されていた時のことであった。その時、佛がスメーダのいる村へおいでになることになった。ところが困ったことに、おいでになる道路にぬかるみがあって、それを修理する暇がない。その時スメーダは自分の体を泥の中に横たえて橋をつくり、私の体の上を通って下さいと申された。」その時の言葉に「願わくは、私の後の世のために」と申された。さてこの箇所について「後の世のために」の「ために」が問題になったのであります。言葉というものは考えだすとわからなくなるものです。「ために」が問題となったのは、その時分、皆が読んだカントの哲学では、「ために」ということを非常に嫌うのです。つまり、それ自身に意味があるのであって、何かのためにということが、そもそもまちがいであり、宗教は何かのためにというようなことではいけないのだというのです。後の世の安楽のために「極楽は楽しむと聞いて、願いのぞむ」と佛にならぬ、そのように安楽のために後生を願ってはならぬと、このように「ために」はいやなところに使ってあるのです。だから今の人間は何かというと、ために為にという。そのような言葉の感覚を離れようがないから、何とか違った言葉で表わす方法がないかということが議論になったのです。その時、山辺・赤沼師と私とが「いいではないか、どう表現しても結局同じことであって、ためにということを、安楽のためにという言葉によりましては、安楽気楽になるというふうに悪く考えずに、安楽のためという安楽すらも、それを内に顧みれば、我々は何故この世の中にこうも苦しんでいるのであろうか、何のためかというと、結局欲と瞋りとの心がとれないからであり、我執がとれないからである。どんなに憶い思ってみても、この世においては自分の心を綺麗にしてゆく道がないんだ。願わくは、この身の後の世のためにという、その後の世のためにとは、生まれ変ったならばという心であり、それこそ、実は深い人間生活の懺悔を表わしているのではないか。だから後生という言葉を〃後生たすけたまえ〃というふうにばかり考えないで、それは我々が不幸せだとか、つらいとか、何とか彼とかいっていることも結局罪障が深いからじゃないか。願わくは後の世のためにという言葉によってのみ、人間生活の全体を懺悔してゆくところの光がかゞやいてくるのではないか。」と申したことであります。

私は阿弥陀経は人間生活の懺悔を表わしたものだと感じて、その時分の若い読者から大変喜んでもらったことがあります。今でもその人を忘れません。

昔日本に懺法、悔過法というものがあって、それに阿弥陀経を読まれたということは、何か意味の深いことだと思います。浄土の安楽を説くことは、実は安楽そのものよりもむしろ浄土の安楽を介して、人間生活の浅間しさを懺悔する。そこに自ら浄土が感じられるのであるということにおいて、後の世のためにという、その後生が特殊の意味をもっているのであると思われるのであります。

だから阿弥陀経は十方諸佛の称讃であって、十方諸佛が念佛往生の道を称讃される

のでありますが、その諸佛称讃の経典が、人間世界の懺悔を教えているのでありま
す。その言葉を聞けば、浄土の徳をほめているのですが、その響を感ずれば、そこに
人間生活の懺悔があるのであります。それが「称佛六字、即ち歎佛即ち懺悔」（尊号眞
像銘文）といわれたものであります。

今朝、晨朝のおつとめで、正像末和讃を拝読したのですが、和讃全体がそうですけ
れども、正像末和讃は特に二重音であります。その述べてあるところは、確かに讃佛
歌でありましょうが、その響を聞けば涙が流れまする。それは、佛の徳をたゝえなが
ら、人間生活の浅間しさというものを感じさせるのであります。ここに後の世を思慕
するという感じが一つあるのであります。

それから感じられることに、先述の現在安住とは何かということであります。現在
安住という言葉だけをきけば、すぐそういうことは不可能といいたいのですが、清沢
先生自身も現在安住ということをいわれる限りは、如何に現在が不安であるかを痛感
されていたに違いないのであります。それは書かれたものを見てもわかるのであっ
て、もし他力の救済がなければ、自分の人生は迷倒苦悶にほかならなかったであろう

といっておられるのです。

だから現在安住をいわれるだけ、それだけ如何に不安な人生であるかということを、私達は感ぜざるをえないのであります。我々の日常に感じられることは、むしろ現在の不安であります。それには原因があるのだといわれるかも知れませぬが、実際私だけでなく、現代は本当に不安なのではないでしょうか。いつ交通事故があるのやらわからぬし、この間も週刊雑誌をみてみると、交通事故よりもっと危いのは、海の水が核爆発で汚れて、しまいには魚も食えぬようになるだろうとか、どちらを考えても不安で不安で、三界無安猶如火宅とありますが、その通り、本当に安心のできない世の中であります。しかも、それでいて現在安住といわれるのはどういうことでありましょうか。我々をしてその不安の世の中におりながら今日一日を落着き、今日一日を不安なるがゆえに、却ってそれを介して念佛申させて貰うことによって、有難いという感覚をおこさせるものは一体何だろうかと、そういうような場として、私には後の世というものがあるのであります。死ねばお浄土へ行けるのであると。人間の生涯の終りには浄土へ行けるのであり、死の帰するところを浄土におくことによって、それが生の依るところとなって、浄土を憶う心があると、その心から光がでてきて、私達に不安の只中にありながら、そこに安住の地を与えられるのであります。つまり意識はどれほど不安を感じていても、どこかその底に安らかに安住させて頂く力があり、それが本願他力であり、それが浄土の教えであるといってよいのでありましょう。

この間少し覚書をいたしまして、私は憶念の心を持っているのではない。憶念の心つねにして、といわれると、私に憶念の心があるように思われるけれど、私には憶念の心がないのであって、憶念の心の方が、私を支持しているのである、と。この言い表わし方はともかく、何かそのように感じたのであります。

こちらの方は忘れておっても、憶念の心つねにしてということであるから、いくら忘れていても、忘れないものがあるのです。忘れたということに気づく時に、そこに顔を出すのが、憶念の心というようなものでありましょう。その憶念の心となっているものが、浄土に生まれさせて頂くのであるという思いであり、それが不安な、そして苦悩の多い人生をして、それなりならば地獄一定で、流転輪廻よりほかないのですが、その流転輪廻の底を通して、浄土への往生の道となるのであります。人間の一生が、たしかに日常の生活から見れば流転輪廻のようでありますが、本願を信じ念佛を申せば、そこに往生浄土の一路が憶念の心となって、それが不安な私を支持して安住の地となっているのです。そしてそれが「後の世に」「死なば浄土へ」という心であって、死の帰するところが生の寄るところとなるということであります。

かくて來世の往生、それが現在安住の根拠になるのではないでしょうか。未來往生を拒否しては現在安住がなく、未來往生という立場にたって、はじめて現在安住というものが感じられてくるのであるといいたいのです。

法然上人のお言葉にもあるように、それまでは往生ということは來世であります。宗祖聖人に至ってはじめて、現生不退となったのだということは、眞宗教学において繰返されていることでありますが、今まで來世往生といったことを拒否し、否定して現生不退というのではなく、むしろ逆に、來世の往生ということがあって、はじめてそこに現生不退が成り立つのであります。未來往生という時間的な、永遠の場ができなければ、現生不退ということもでてこないでしょうし、又現在安住ということもでてこないでしょう。

人間の一生涯は「欲も多くいかりはらだち、そねみねたむ心、多く暇なくして臨終の一念に至るまでとどまらずきえずたえず」（一念多念文意）といわれてあるから、それ全体が流転輪廻の我らでありますが、それにも拘らず、どこかそこに憶念の心があり、人間の生活がそのまゝ往生の一路となるということです。それが後の世というものの、未來往生という言葉の与える感覚ではないでありましょうか。

五

も一つ申してみたいことは、曇鸞大師は「往生とは凡夫の情である」といわれます。これはいかにも有難いことであります。往生は凡夫の情であって、本当は無生なのであります。その凡夫の往生という凡情をそのまま入れて、無生の生とならしめるのが、念佛の徳であるといわれるのです。

お念佛は、要するに、凡情を転じて、転悪成徳して、さとりの境地へと導くものが往生であります。「往生は得生者の情なり」浄土を願う凡夫の情とあるが、凡夫の情とは如何なるものであろうか。凡夫の情というと、それは感情であって、いゝ加減なものだと解するのか、それとも、凡夫の情というものは、そうは解釋できないものなのでしょうか。

情という言葉で思い出しましたが、徳川時代の末期に、富士谷某という人がいて、その人は東本願寺の御法主とは友人であったそうです。この人が御文などをよく読んで、お文の思想などを喜んでおられた。その人は神道の学者で、神とはどういうものかについて、日本の神様を佛教の佛さまと同じように解釋したのでしょう。つまり神の心を、佛の心と同じように受取ったのでありましょう。この人の書いたものの中に、「情は神のしろしめすところなり、理は人の司どるところなり」という言葉があります。理、理屈は人間が司どる、それは善だとか悪だとか、是非だとか、そういう道理・道徳は人間の司どるところであって、この司どるという文字を使ったところが面白いのです。情は神のしろしめすところ、どうしてそういうことをしでかすか、どうしてそんなことを考えるようになったかという、そういう人間の感情というものを知っているのは神様であるというのであります。このような意味においての「凡夫の情」であって、往生とは凡夫の情であり、その凡情というものを察しとるところに佛の心というものがあるのであります。

これが善、あれが悪などというのは人間の考えたことであります。だから西洋の善が東洋の悪である場合すらあり、昔の善が今日の悪である場合があります。党派が分れると甲の党派の善とするところを、乙の党派は悪とする。皆これ人の司どるところです。しかし、その是非をあらそうその底に情というものがあるのであります。その一筋の情が、余り智者の情でなく、凡情、庶民感情といったものであり、そこに後生がのぞまれ、その凡情により私達は後の世を思わせられるのであります。

一番我々が感じるのは、親しい人に亡くなられたときであります。その時に、我々は後の世がないと否定することができるかどうかです。

親に分れ、子に別れ、夫に死なれ、妻を失った場合に、もう死んでしまって無くなったのだと本当に思うことができるでありましょうか。凡夫の情はそれを許さないのです。あの世におる、そしていつまでも、思い出のうちに現われてくる、どこかに居る、この世になくなったということは無でありましょう。しかし、この世になくなったということは、どこを尋ねてもなくなったということではないんです。どこかに生きている。どう生きているのであるか、一体どこに居るかと、そういうのは野暮であって、それは学者のいうことであって凡夫のいうことではないのです。

凡夫としては、どうして死んだものは無くなったのだと思うことができましょうか。いろいろな場合に凡情というものがありますが、友達にしても、どんな人でも、本当に亡くなったのだということでなしに、今やほとけとして生きておられるのであります。そして我々は拝まねばならぬということで、そういう、もう一つの世界、それがあの世で、あの世に生きていることを、――くどいようだが、あの世はどこにあって、そして生きているとは食物を食べているのか、そういうことをいいだすと返事することはできぬが――どうして人間が忘れることができましょうか。

靖国神社を元のようにするかしないか、靖国神社のお祭は宗教行事かそうでないか、といろいろなことをいうけれども、要するに亡くなったものを無くなったと考えることができないということは共通しているのでしょう。宗教であろうがなかろうが、亡くなったものを、どこにも無いのだと考えることができるならば、何故お祭をし、何故法事をするのでしょうかね。

ただここで大事なことは、「親鸞は父母孝養のために一遍にても念佛申したること未ださふらはず」ということであります。この心を感ずれば、見送るものの心をもって、見送られるものの心を推してはならぬ、ということでありましょう。

それが大きな問題であります。この世に残されているものの、此の世的な感情をもって、あの世の亡くなった人の感情を推してはならないということが「父母の孝養のために念佛申さず…」という思召しであろうと思います。そして、今日亡くなった人を思うのに、あの世に対し、此の世的な感情をもって思い過ぎはしないでしょうか。だから死んだ人をなぐさめるような気になっています。それは死んだ人は迷っていて、生きているものは悟っているように思っているのでしょうか。

そういうことが親鸞はできないのだ、考えてもおらないのだ、ということでありましょう。

死んだ人のために大きな墓を建てたり、大法要をしたりする。結構なことでありますが、しかし、その心を推すと、そういうのは慰霊祭で、死んだ人をなぐさめるのでありましょう。やはり生きているものがえらいのであります。

その生きているえらい人間が、死んだ人はえらくないのであって、その人をなぐさめるというようなことは眞宗的でないのであります。

それはむしろ転換しなければならぬのでありまして、亡き人を拝む、拝まれるのは佛で、そして残れるものは迷っているものであるからであります。だからあの世の人を佛と拝むことによって、我々は却って、いつまでたっても迷いの世界を離れないなあということを知らされるのであります。

親を拝むということは、いわば対面でありましょう。お念佛を申すということは、残っている私と、亡き親との対面で、亡き親を阿弥陀の中へ入れて「南無阿弥陀佛」と申すこころは、すなわち形にあらわせば、佛の前で手を合わせることでありますが、これは亡き人と、この世に残れるものとのいわば対面であります。そこに佛と語り合うという対話があるのです。亡き人との対話は、佛と凡夫との対話であります。この佛と凡夫との対話が、一切を解決するということもあるのであります。死んだ子がどこで迷っておるやらと、そういっている限り、どこまでも子を失った人は迷わねばならぬのです。それが、お前が死んでくれたお蔭でと、合掌と共に思い直す道があるならば、そこに先立つ者は善知識なりということがでてきて、拝む心が対話になって、私もうっかりしてはおれないんだという道が開けてくるのであります。こういうふうに、亡き人を佛と拝むことによって、自分はこの世に迷っている、この迷える私と、悟れるものとの対話として、あの世の人々を拝むということが、案外にも一切の問題の解決にもなるのです。

私はそういう形において、自分の問題を解き、又多くの方々の御相談にあづかった経験もあるのであります。

後の世、あの世に、やがて私達もその国へ帰るのであるというところに、感情が育てられ、豊かにされる面があると思われます。

やがてそれが飜って、その浄土を思うものの人間生活はどういうものになるのであろうかと、次から次へと教行信証の教えなども戴くことができるように思うのであります。

こういうような意味において、來世を拒否するという気持もわからないことではありませんが、それはいわば消極的なのでありまして、それを裏返しにして、積極的に申せば、來世を思慕するというところに、本当に浄土教の我々の感情を育ててくださる意味があると思う次第であります。

こんなことを話したいと思っていたことだけは、充分に話をしたと思いますので、今回はこれでお別れといたします。

附

三河と私

（金子先生米寿祝賀会より）

この度は私の米寿をお祝い下さるということ、実は昨日まで思いもよらぬことであった。承って恐縮もし、殊に感激に堪えぬ次第である。

この祝については二三、他でも行うからということであったが、皆夫々お手数の事でもあるし、御迷惑でも京都へおいでを願って京都だけですませたいと思っていた。然し、この様に、殊に三河の教区の方から御祝をして頂くということになると、も一つ、いろいろと思い出があって、その思い出と申すのは、三河という所は殊に伝統の精神の深い所で、従ってここでは相ついで学僧が出られ、その方々の教えの御恩に私は預っている。それであるから、三河に行って、殊に法中の方々からお集りを頂いて話をするという様なことは、私だけでない、誰でも思いもよらぬ事の様に考えられていたのである。その三河へ行って私がお話をする事になったという事は、感激と同時にいささか内部の誇というものを感じていた。そして実際來てみると、いかにも、どこへ行ってお話をするより法中の方が多勢お集り下さって、かつて正信偈の話をした時には、一回もかゝすまいという程に心懸けて頂いた方があるのだという事などが、今改めて思い出の深いことである。それだけでなく殊にこちらへ参ったのは終戦前後であって、物資も不足で、食糧難で困っていた時であったが、私の生活の方まで、殊に御心配下されたのは三河の人々であって、三河の御法中と、そのお心配りでもあったでしょうが、御同行の御親切によって、食べることに不自由せずに、生き長らえることができたという事もこちらの方々の御蔭であると思う。その三河に行って何の御用にもたゝぬと思われる自分が、御用に立ったのであるという事は、今ここで証明して貰ったのだという感激を覚える次第であります。

私は三つの有難さということを常に思っているのであります。

一つは死んで行くことのできる、死にたくはないが死んで行くことのできる教えに接したということです。二つには御用に立つことができたということであります。

越後の高田の雪深い寺に生まれた愚僧が、愚痴にかえるという言葉がありますが、愚痴にかえるどころでない、はじめからのおろかなこの愚僧が、自分に眞実の教えがわかれば精一杯であるのに、それを皆さんに聞いて頂いてお役に立ったのだということで、慶ばしい哉、分を尽して用に立つと。近頃いろいろなことについてその事を話したり書いたりしてきたのであります。

三河の教界にも私はお役に立ったのだということを、今日お祝を頂いて正しく証明して頂いたわけです。

第三には伝統の流れに身を置くことができたということです。それも先程申したように三河というところはまことに伝統精神の深い所であります。そこで御用に立ったということは、やがて、伝統の流れに身を置くことができたという、その有難さを深く感じさせて頂く次第です。

祝いを京都でして頂いた時は、赤ん坊のような気持になって、たゞ嬉しい有難いということで胸一杯であったんですが、今回はその上にも一つ何かあって、まことに勿体ないことであり、恐縮のことでありますが、有難く私の為にお祝をして下さったことを、本当に深く深く感謝する次第であります。

なお、今皆様の御言葉を拝聴して思い出深い内容が、次々とわかって来ました。占部(観順)さん、佐々木(月樵)さん、山田(文昭)さん、清沢(満之)さん、多田(鼎)さん、櫻部さん等という名前を聞きますと、あゝそうであったなということが思い出されます。

先程も控室で話をしたのであるが、私の眞宗学は、眼を開いて下さったのは曽我先生に違いないが、素地を作って下さったのは結局占部さんではないかと思うんです。それは私が田舎の中学に居た時に、坂田慈香という先生がおられて、私が佛教の学問に興味を与えられたのは、その坂田先生のお蔭だといってよいでしょう。わかり易く話をする方であった。それから今熊野の中学に転入して来た時に種田諦円という先生がおられて、この方から、大・観二経の講義を聴いたのですが、その大無量寿経の七宝樹林の話をするのに、数学の順列式で説明せられたことなど思い出されます。そのように、とに角新しく我々にもわかるように話をされた。このお二人の方によって、眞宗学の基礎ができたのであるが、お二人共に占部さんの門下だそうである。そういうことで占部さんの書物は、一時みんな読もうと思って集めてみたこともあります。

しかし、全部まだ目を通してはいないが、とにかく、わかるようにわかるようにということで、基礎を作って下されたものは占部さんで、そこからおさえていえば、占部系統だといわれても、否ともいえぬものがあるのではないかと思う。

それから、佐々木月樵さんであるが、この方もなかなか心持の広いお方で、浩々洞の人達が、清沢先生の亡くなられて十三年目に東京の羽田に会合したことがある。その時に話をした者は曽我先生と佐々木先生だけで、あとは皆聞く方に廻った。要するに話をする資格のあるのはお二人だけで、あとは皆時代遅れで傍聴するより他ないというようなことだったらしい。その時の思い出はいろいろあるが、この時の佐々木先生の話であった。〝I〟私は、という言葉が根底として、次は〝my〟私の、が出てくる。天地万有皆「私の」世界である。これは聖道門的の考え方であろう。

次に"me"私を、「私の為の」ものみなは私の為にあるのである。これは浄土教であるという話をされました。なかなか面白かったのです。先年亡くなられた近藤純悟先生が聞いておられて、「イヤァ佐々木君の話はなかなか面白かった。なにしろ曖昧味(アイマイミー)があるからね」といわれたことがある。これは近藤先生のユーモアであるが、しかしある点において、そう言ってもよいのでして、先生の話というと、「何とのう、何とのう」が出るのでありました。それから私などの話も結局そういうことになるらしいが、先生は「能所転換」ということをよく言われた。するものがられる、つまり"I"が"me"になるということである。そのようなことで、佐々木先生の教学そのものとともに、先生の言葉の中でいろいろ記憶に出てくるものがあるのであります。

山田先生に至っては、何と申しましても眞宗史学としては画期的な権威者であって、その山田先生から可愛いがって頂いて、三河へ来るようになったのも、山田先生が亡くなられたから、今度は代りにお前来い、というようなことがあったように思います。そういうように皆さんのお名前などを聞いていると、三河へくる時には特別の感じをもって来ていたなとは思っていましたが、成程、皆様のお話を聞いている内に、すっかりその具体的内容が思い出されてくるような感じがして、今更に有難いことであったと思う次第です。

そのようなことで、ずっとさかのぼればやはり清沢先生を思うんです。清沢先生のものの考え方から一歩も私は出ておらぬと思うのですが、そこに一寸遺憾なことがあって、先生の七回忌の時であったか、山形の長井の法讃寺井上豊忠師を訪ねた。その時は私も若くて生眞面目であったから、門の所で羽織を法衣に着かえて入った。それがよかったんです。井上先生は御堂の縁に出て、ちゃんと服装を正してお迎えになられた。恐縮したことでした。そして先ずもって本堂に参詣させられて、どうも大先輩が若輩を講師扱いをされたので、何やらじっとしておれない感じであったが、これもお役だからと思って講話をした。

さて夕飯を頂いてから茶の間へ行って、「先生、実は私はこちらへ来るには一つの願いをもって来ました。それは私も清沢先生の息のかかった人間であるとして誇りをもっているけれども、私は直接に膝元で先生から教えを受けたことがない。ああいうきびしい先生から、何かと教えられればも少し私というものも変っていたかと思うが、何か筋金が入っておらぬような気がして、も一つ、先生に叱られた覚えがないので、それがもの足らんのだが、今更それを言っても仕方がない。だから井上先生代りに私を叱って下さい。」と申しましたら「清沢君の代りに私が叱る訳にはゆかんしなあ」というようなことで、井上先生いろいろと話をして下さったことがある。

近頃曽我先生などのお話を聞きますと、何かまたそれが思い当って、ああいう方にはその方の書物を読むということも結構だけれども、やはり直接に薫陶を受けるということが、も一つ大事なことであったのかなあと思わせられています。

そうするとただ漠然と三河は思い出深いと申していましたが、思い出深からしめたものが、三河の教界にあったのだということをあらためて思い、一層感激に堪えない次第であります。重ねて御礼を申し上げる次第です。

あとがき

宗祖以来七百年、先徳研鑽の功績は累積して教学の進展は実にめざましく、類家中に於て其の精華は高くかがやいていますが、教学の実存価値は教義の玄奥を解明することにより教化の基盤を確立するにあるのは当然であります。

教化は又常に時代相を洞察して行なわれつゝ而も時代の弊風に陥らざるものでなければならないことも同様であります。内に深く教義を躰し、時勢を察して時弊に流れず、対象をよく分別して教化の動向を定めるこそ其の要諦というべきものでありましょう。

併し一応教化の任にあるものが幾多の教義に関する問題をかかえつつも、其の解明に基本的解決の努力を注ぐことに先だって、或は便宜的な会通をなし、或は狭隘な自身の識見を以って憶測の道を立てて一時を糊塗する如きことがあれば実に恐るべき結果を将来すると共に、鸞師の誡められた「獅子身中の虫」のそしりを甘受せねばならないものであります。

現在の教化の任にある人自身、一人一人が共に研修の道を歩むとき、実に多くの諸問題の壁のあることを覚えるものでありますが「往生と成佛」の問題も其の基本的なものとして提起せられる一つであります。

佛教に於て本来「成佛」は最終の極果であり、「往生」は成佛すべき過程に於て名づけられるもので唯一の極果ではないはずであります。こうした見方から祖師も亦三往生の義を立てられたものでありましょう。併し「往生即成佛」という教義は宗学の上に於ては不動のものである以上、こゝに幾多の解明すべき問題を包含しているのであります。

以上の如き理由により教区に於ては、昭和四十一年度第一回眞宗講座に於ては曽我量深先生を聘して「往生と成佛」の問題の御教示を願い、更に翌四十二年度に於ては金子大栄先生に重ねて同一の問題「往生と成佛」について御教示をいたゞいた次第であります。

曽我先生の御講演は其の後『眞宗』昭和四十二年九月号より十一月号にわたり連載せられましたので、今回は金子先生の御講話を印刷の上教区全員に配布する計画を致しましたが、両先生の分を一冊に収録してとの多数の要望があり、あらためて計画を変更し両先生の御了承を得て『往生と成佛』と題し発刊することになり、広く宗門教学の士の指針ともなるように念願している次第であります。

尚本書刊行に際し特に御尽力を賜りました教化委員藤井宣丸氏及び久我順、天白義曄両氏の助力に深く謝意を表します。

岡崎教務所長　西　道　了　恵

本書の内容は、岡崎教区の寺族青年会の人々の教学的な聞法の志が発端となり、昭和四十二年六月に曽我先生を、そして本年六月金子先生にお願いして「真宗講座」として開かれたものである。そして更に参会できなかった多くの人々のねがいが結集して出版を促進させたのである。そして、両先生の御講話の録音テープとき書ノートから編集したものである。

編集の責にあたったものとして、危惧するのは、両先生のお話なされた本旨が誤って文字にされてしまってはいないかという点である。万一あればその責は私にあり、未熟なるがゆえにと御寛恕あらんことを願い上げます。

編纂事務、校正には久我順氏（第四組仁長寺）天白義暐氏（六ツ美組浄妙寺）お二人のお力添があり、印刷には鈴木嘉一氏並びに東邦印刷工業所の方々、製本には外山富造氏の配慮を頂いて出来たことを巻末に付記して特に感謝の意を表します。

昭和四十三年十月

藤井宣丸

再刊にあたって

この書、『往生と成仏』が、今は亡き先師曽我量深、金子大榮両先生のご執筆により世に出されて、ほぼ十五年の歳月が流れました。

その間、是非再版をとの声を聞きしも実現できず今日に至りましたが、日増しに高まる熱望に抗しきれず、ようやくこのたび皆さまのご要望に応え刊行の運びとなりました。

再刊にあたり、私の脳裏からほとんど忘れ去られ、本棚の奥深く積まれたままになっておりました本書に、あらためて目を通すご縁をたまわりました。

金子先生は、〝人生は苦なり〟といっておられます。

曽我先生はこの書の中で、私たちの生活している現実を次のように表現されております。〝物質主義の人びとが苦しんでおりますところの世界、そこは何の自由もない闇の世界、何の光もない雑染の世界であり、自分の心に安心も、満足もない、堪忍の世界、そういう世界に私どもはとにかく生まれてきたのであります〟と、またそういう世界では、〝すべて物質というものが精神を圧迫している。物質的欲望によって、魂や精神が圧迫され、我われの心は無明の闇に閉じ込められ、何ら自由がない〟と、先生は明確に人間の生きざまを洞察しておられます。

物質的欲望に苛まれ、身動きできない泥沼に転落しておる生活の事実を通して、真宗は人間の根源に眠りつづけている魂を呼び戻し、真の精神生活を掘り下げ磨いていく、つまり真のいのちの回復、自己発見の教え以外の何ものでもございません。この著が今ふたたび世に出されました所以もここにあろうかと思います。是非とも多くの方々のご味読を念じ上げることでございます。

最後に、再刊にあたり、朋友法蔵館のご好意、ご援助に謝念を捧げます。

昭和五十九年一月
岡崎教務所長　海老原容光

往生と成佛

一九八四年四月二八日　初　版第一刷発行
二〇一三年四月一〇日　新装版第一刷発行

著　者　曽我量深
　　　　金子大榮
編　集　岡崎教区教化委員会
発行者　西村明高
発行所　株式会社　法藏館
京都市下京区正面通烏丸東入
郵便番号　六〇〇-八一五三
電話　〇七五-三四三-〇〇三〇（編集）
　　　〇七五-三四三-五六五六（営業）

印刷・製本　株式会社 デジタルパブリッシングサービス

ISBN 978-4-8318-6529-8 C0015